JN408676

벚꽃 솔루션

최예은 시집

문학공원 시선 163

벚꽃 솔루션

최예은 시집

해마다 봄앓이하던 궁핍한 가슴이 또 쿵쾅거린다
눈발로 낙화하는 저 교태로운 잉태의 몸짓들
꽃무덤을 즈려 밟는 자의 죄를 성토하느니
대화강 궁전을 분홍빛으로 색칠하라
벚꽃들에게 솔루션이 주어졌다

문학공원

시인의 말

바람 불면 날라 갈 것 같은 날
툭 치면 스러질 것 같은 날
시는
내 영혼을 단단하게 만들었다
바야흐로
나의 전성기가 시작되었다

2019년 12월

최 예 은

‖ 서문 ‖

언어의 사물적 성격을 회복시키다

전 하 라(시인 · 계간 스토리문학 편집장)

영국 여왕 엘리자베스는 셰익스피어를 그 어떤 나라를 줘도 바꾸지 않는다고 했었다. 전 세계는 지금 고통과 재앙이 들이닥쳐 있지만, 시인으로 사는 것이 커다란 기쁨이다. 지금 우리가 시인으로 사는 공감은 그 무엇과도 바꿀 수 없는 것처럼 말이다. 시인은 현재를 살면서 과거를 발판으로 미래를 반영하는 거울과 같다. 시 속에서 미래를 보고, 미래를 만들고 미래를 정복할 수 있는 힘이 어느 날 다가오듯이 말이다. 시를 5년 쓰면 세상이 보이고 두려울 것이 없고 시를 다루는 언어의 연금술사가 될 수 있다는 말을 한, 모 시인의 말을 처음에는 믿지 않았지만 5년이 넘고 10년이 넘어가니 시의 영성 안에서 내 자신이 변화되어지고 시적으로 치유되어짐을 볼 수 있다.

멕시코의 시인이자 비평가이며 외교관인 옥타비오 파스는 언어에 대하여 "우리는 언어를 이용할 때마다 언어를 훼손시킨다. 그러나 시인들은 말들을 이용하지 않는다. 그는 말에게 봉사하는 자이다."라는 말을 하였다. 시인이 말에 봉사함으로써 말에게 말의 충만한 본성을 되돌려주며 말이 자신의 존재를 회복시켜준다고 한다. 이번 최예은 시인의 시를 읽으면서 바로 그녀가 그런 사람이라고 확신할 수 있다. 내가 최예은 시인을 알았을 때 그의 시 속에서 제공하는 언어들과 그 조합은 감정을 사유하고 정서에 잡힌 글들이었다.

그래서 그녀가 2년 동안 울산에서 서울을 오가며 ,고려대학교 평생교육원 시창작과정에서 김순진 시인에게 현대시를 배우고 익혀서 지금은 당당한 여류시인이 되었다. 물론 잘 가르치는 스승도 필요하지만 그에 못지 않게 시라는 도구를 놓지 않고 열정이라는 정으로 다듬고 새기면서 그녀는 시와 물아일체가 된 듯하다.

내가 시를 가르치진 않았지만 시의 밭을 일굴 수 있도록 모집하는 안내자의 역할만 하여도 천군만마가 부럽지 않게 성장하는 시인들을 보면서 어깨가 으쓱해진다. 보람이라는 판도라 상자를 가슴속에 넣어놓고 살짝 꺼내서 열어볼 때 그 역시 상상하지 못한 기쁨이다. 최예은 시인의 첫 시집의 시 중에서 유독 마음에 다가오는 시는 「시가 나에게로 왔다」 이다.

속절없이 얼룩진 고난의 상처
스스로 생의 멍에를 둘러메고
세상과 타협하지 못하고 늘 빈곤했던 삶
어느 날 모세의 기적과 같은 내 눈물을 닦아줄
희망의 눈부신 시가 나타났다
시는 언제 어디서나 나를 나지막이 불러 세운다
한동안 무미건조했던 삶
지금은 시집들의 빼곡한 활자향기가
곳곳에서 나를 기다린다
퇴색된 나의 정신 속으로 깊이 스며들어와
지금의 나라는 사람을 탄생시켰다
나의 아픔을 승화시키기 위해 온 시의 사유
그 모든 것에 역전이 기다리고 있다
반전으로 뒤집힐 줄 어떻게 알았을까
시는 내 삶의 원동력이 되어주었으니 말이다
어둡고 긴 터널 같은 시간을 지나고 있을 때
세월의 난관에 내리막길로 곤두박질치고 있을 때
어떻게 살아가야 할지 방법을 몰랐던
이것저것 시도해봤지만 모든 게 맞지 않았을 뿐
삶의 물음표 같은 알 수 없는 부호들과 의문들이
나를 향해 무수히 쌓여만 가고 있었다
무언가 끊임없이 찾아 헤맸던 날들 위에
시는 아름답게 살아가라 신이 내려주신 고귀한 선물이었다
시를 사랑하며 알아가는 이 순간
견뎌낸 삶만이 둥글고 단단해진다는 진리를 깨우쳐준다

–「시가 나에게로 왔다」 전문

우리들은 왜 시라는 것에 목말라 하는지! 시라는 정

체가 무엇이기에 시와의 사선에서 전쟁을 치루며 사는 것인지! 매일 시에 대하여 고민하고 시라는 연속성에서 빠져나오지 못하는 이유가 뭔지 모른다. 하지만 하나 알 것 같은 것은 시가 주는 힐링과 카타르시스 그리고 위안을 주는 큰 힘이 있어서 시의 테두리에서 살아가는 것 같다.

"어느 날 모세의 기적과 같은 내 눈물을 닦아줄 / 희망의 눈부신 시가 나타났다/ 시는 언제 어디서나 나를 나지막이 불러 세운다 / 한동안 무미건조했던 삶 / 지금은 시집들의 빼곡한 활자향기가 / 곳곳에서 나를 기다린다"라는 시에서 비추어볼 때, 그녀에게 시라는 것은 단순히 종이 위의 검정과 흰색이 아닌 치열하게 생존하게 하는 힘의 원천이라는 생각이 든다.

나 역시도 시라는 반려가 없었다면 지금쯤 부식되고 녹슬어 망연한 삶을 살아갔을지도 모른다. 그런데 시라는 동행자가 나타나면서 시가 내게 밀착되어 눈물을 닦아주듯, 나의 고독과 허무를 시라는 공간이 채워줬다. 시가 마른 뼈들을 일으켜 세우는 글자에 힘을 주어 시인이라는 한 사람으로 세워놓았듯이, 최 시인에게 詩라는 것은 바로 삶을 지탱하고 유지해가는 신과 같은 존재가 되어 활자 속에서 장자의 나비처럼 춤을 추게 되는 것 같다. 여림과 순수에서 강하고 질긴 스파이더맨의 거미줄처럼 시의 파동에서 춤을 계속 추는 그녀이길

바란다. 모든 작가들이 시가 주는 이 매력과 풍미 속에 있지만 진정한 친구가 되고 연인이 되고 낭만이 되어 동행하는 것은 만만치 않은 일이다. 하지만 지난 수년간 내가 지켜보았던 최 시인의 저력과 끈기를 볼 때는 시는 그녀에게 구원과 일심동체가 됨을 느낄 수가 있었다.

팔월 뜨거운 열대야는 아버지의 울음 섞인 절규를 삼켜
생과 사의 끝나지 않은 질긴 슬픔을 발아한다
아버지의 마른 모습은 얇아진 생의 나약한 아이로 환원되고 있었다
붉은 노을이 콘크리트 병실 쪽으로 고개 숙일 때쯤
물 한 모금도 먹지 못하는 시한부 고통은 계속되었다
잠복해있던 촉수는 가시덤불처럼 엉겨
붉은 눈물로 생살 도려내는 칼날 위를 걷는다

만신창이가 된 부종으로 피비린내 얼룩진 이별 앞에 딸이
할 수 있는 건 기도와 가슴 저미도록 함께 울어주는 일뿐이었다

그렇게 고통의 덩어리는 삶을 허물어 놓았다
중추신경계를 마비시키고 힘없이 몸부림치면 칠수록
더 헤어 나올 수 없는 올가미의 검은 늪 속으로 빠져들었다

저승으로 가는 기나긴 길목에서 끙끙 앓던 여름의 하늘엔
계속해서 시리도록 흰 눈이 내렸다

- 「팔월에 내리는 눈」 전문

T.S 엘리엇은 "시인은 자신의 감정을 직접적으로 표현하는 대신에 객관적 상관물을 제시해야 한다."라는 말을 했다. 「팔월에 내리는 눈」의 제목과 내용에서처럼 최 시인 "팔월 뜨거운 열대야는 아버지의 울음 섞인 절규를 삼켜 / 생과 사의 끝나지 않은 질긴 슬픔을 발아한다"고 했다.

아버지의 병을 간호하는 딸의 마음을 단순한 고통에 치우치지 않고 시로 승화시키는 모습을 보며 시적 양심을 보게 된다. 나 역시도 아버지가 어려서부터 아픈 상태를 많이 보게 되었고 그 연장선이 고등학교까지 지속되었다. 병원에서 아버지가 더 이상 회생 가능성이 없음을 알고 병원에서 퇴원하라 했지만, "왜 나가라는가"에 대한 질문에 의사 선생님께서는 "좋아져서 가셔도 된다."는 말에 나는 '아버지가 회복이 어려운 것이구나'를 알면서도 나는 마지막 가는 아버지의 손을 잡아주고 돌아서서 자취방으로 돌아왔다. 그날 새벽에 아버지는 소천을 하셨고 다음날 학교로 연락이 왔다. 나는 집으로 돌아가는 버스 안에서 미안함의 눈물을 끝없이 흘렸다. 긴 병에 효자 없다고 하듯이 너무 오랜 병상의 아버지가 내게는 조금은 힘든 마음으로 다가왔고 나는 지쳐 있었다. 막내로 태어나 사랑을 그렇게 받아도 이율배반적인, 마지막 보내드리는 길에 양심을 져버림이 지금도 저 밑바닥에 비웃음으로 자리 잡고 있다.

이런 미약한 양심에 비해서 최 시인은 마지막 아버지 가시는 그 순간까지, 한 달 전부터 지속적으로 아버지 곁을 지킴을 보게 되었다. 그래서 최 시인은 "만신창이가 된 부종으로 피비린내 얼룩진 이별 앞에 딸이 / 할 수 있는 건 기도와 가슴 저미도록 함께 울어주는 일뿐이었다"라고 말한다. 마지막 가시기 전, 아버지 손을 잡아주고 기도해주는 그를 보며 인간적인 마음과 시인으로서의 따스한 마음이 내재함을 보고 감동을 받았다. 또 "저승으로 가는 기나긴 길목에서 끙끙 앓던 여름의 하늘엔 / 계속해서 시리도록 흰 눈이 내렸다"라는 표현에서 보듯이 아버지를 보낸 시인의 시리도록 흰 눈이 내렸지만, 그는 하나님을 믿는 자녀이기에 나는 작가의 아버지를 저승이 아닌 천국으로 보내드리고 싶다.

지금까지 최예은 시인의 시 「벚꽃 솔루션」, 「시가 나에게로 왔다」, 「시가 나에게로 왔다」, 「좌우 공존의 법칙」, 「다정하지 않은 골목길」 등의 많은 시를 읽어보면 최 시인은 감정만을 기술하는 시인이 아니라 시로써 언어가 가지는 개성의 함축과 상징성의 확장을 통해 우리말을 갈고 닦는 사람이 됨을 기쁘게 생각한다. 울산에서 서울, 서울에서 울산을 오가며 멀리 있는 숲을 보고, 자신만의 영역을 찾아낸 최예은 시인의 감수성에 동감의 손을 내밀고 싶다.

언어는 단순한 의사소통이 아니라 필요에 의해 확장되고 억압된다. 언어의 사물적 성격을 회복시키는데 일조한 최예은 작가에게 무한 축하를 보낸다.

차 례

2부 詩와 밀당하다

3부 견우와 직녀에게

4부 봄의 밀도

5부 아버지의 부재

1부

뷰티살롱에 관한 보고서

오래된 것들의 보고서

천년 죽어서 천년이라는
삼국시대 주몽 3형제가 능선을 지키고 서 있다
성균관대는 조선 태조 때 1398년 세워져
위대한 한글 창제의 시발점이 되었다
125년 전통 교동초등학교는
최초로 개구쟁이 아이들의 가슴에 손수건을 달게 했다
1904년 개업한 이문 설농탕은
115년 지금까지 사람들의 발걸음을 붙들고 있다
군산 이성당 제과점은 100년 한국의 제빵역사로
밀가루 혁명을 일으켰다
시대문구 충정로 5층 충정아파트 90년
닭장 같은 곳에서 사람들이 쏟아져 나와 사람들이 신기해했다
해태 영양갱은 75년 동안 아이들을 꼼작 못하게
하다가 이제는 세월의 뒤안길 뒤편으로 밀리고 있다
1963년 출시된 삼양라면은
21세기 세계인의 입맛을 사로잡고 있다
1970년 브라보콘은 12시에 만나요를
유행시키며 추억을 만들어냈다

시간이 한 뼘씩 뼈마디를 늘어뜨리고
역사는 멸망하지 않는다

가정통신문

당나귀 귀를 닮은 긴 오후
동요의 칠 공주 러브송처럼
아이의 귀갓길이 즐거운 함성이다
사과꽃 파우더 향을 닮은 아이
언어의 뿌리가 쭉쭉 한 뼘씩 자라난다
하루를 치켜들었던 경쟁의 꼬리는 살짝 감춘 상태다
책가방 속에서 나온 A4용지엔 활자들이 가득하다
그 지면 속에는 물음표 감탄사 의구심도 따라서 온다
새 학년 새 학기는 언제나 신경을 곤두세우다
가끔 덤벙대며 한없이 뛰어놀다
가정통신문을 잃어버리고 온 날이면
한숨을 내리 쉬며 하루의 리듬을 놓쳐버린다
여린 들꽃 같은 눈망울 속에
점점 무거워져 가는 책가방
삶의 무게를 먼저 알아버린 꿈의 씨앗들이다

누룽지 SOS

지구별에 N3N2라는 독감바이러스가 퍼져나갔다
내 몸은 치명적인 오류를 범해 온 삭신을 쑤셔대며
고열과 오한으로부터 결박당했다
입안이 깔깔하여 밥 한끼 먹지 못해 고전했다
남편이 누룽지 한 봉지를 사왔다
냄비에 노릇한 누룽지 한 주먹을 넣고 끓인다
푹 끓어오르면서 서서히 제 몸에 서기를 빼는 밥풀들이
구수하고 걸쭉한 죽 한 그릇으로 변신했다
살기 위해 억지로 꾸역꾸역 입안으로 쑤셔 넣는다
오장육부의 절절한 통증이 소용돌이가 봄별처럼 녹아들었다

석유곤로 센 불에 눌어붙은 누룽지를 수저로 긁어내며
설탕 솔솔 뿌려 입안에 넣어주시던 어머니
오늘같이 삶이 버거워 힘든 날
혹독한 추위마저 잠재우던 어머니의 누룽지가 그립다

올드 카의 비애

대지를 촉촉이 적시는 봄비가 내린다
그는 생과 사를 넘나들며 사투 중에 있다
축축한 비는 그의 심장에 고통스럽게 스며들고 있다
그를 응시하는 또 한 사람은 가슴앓이만 늘어난다
그의 출생연도는 2001년 3월 16일
올해로 만 나이 17세를 맞이했다
우리 집안 라이프 스타일에 맞게 도움을 준 그
그동안 몇 번의 응급처치를 받은 웅크린 몸이다
만성피로에 지쳐 기어코 올 것이 오고 말았다
축 늘어진 다리와 혈관과 감각들은 생기를 잃었다
그의 세로토닌은 저하되고 불안해서 꿈적하지 않는다
밝은 햇빛 아침이 창을 두드려도 고요한 적막함이 맴돈다
잠시 잠에서 깨어나도 할 일이 없어졌다
아니면 그는 편안하게 명상을 즐기고 있는지도 모르겠다

우리 가족을 두고 영원히 떠날 수 없다
오늘도 이끼긴 침묵의 언어는 대답이 없다

우주의 시간대

하루하루가 빠르게 지나간다
어둠이 지고 해가 밝아오고
가슴 한 켠이 뭉클해진다

새로운 시간대가 가까워져 올수록
모든 시름에 저물어 가는
시간의 낯빛도
무뎌지고 잘 숙성되어
진공포장대에 압축시킨다

선고하게 포장된 시간은
타임캡슐에 퀵으로 보낸다
언젠가 먼 훗날
"예은이의 인생여정"
추억 폴더라는 시간의 칩을 꺼내어본다

우주는 점점 더 모세의 기적처럼
새로운 길이 열리는 희망찬
시간의 터널이 다가온다

그녀의 화장대

그녀의 화장대는 늘 봄의 정원처럼 따뜻하다
기분을 맑게 해주는
베이비향과 헤이즐럿향의 향긋한 바람이
사랑스럽게 마음을 데운다

잔잔하고 은은한 그녀의 목소리
베토벤의 월광 소나타를 연주하는 그녀
잠시 푸른 오솔길을 걸으며
분주한 일상의 스타트를 차분하게 만든다

내 마음을 일거수일투족 귀신같이
알아차리는 요술 부리는 마법의 도우미들
나의 얼굴에 기어오르거나 바짝 붙어서
상냥하게 미소를 짓는다

지천에 널려있는 꽃잎 풀잎 나뭇잎 따라
그녀의 화장대는 사계절이 눈부신 꽃길이다
오늘도 그녀를 배웅하며 스케치한다

은둔 범인 끝내 발목 잡혀

내 나이 16세 때 신의 예언에 따라 에스트로겐이라는 선물을 받게 되었다 그녀는 붉은 동백꽃을 닮아 있었고 매월 가임 배란기를 마법으로 관장했다 그녀는 나의 희고 고운 옷섶에 동백꽃의 혈흔을 32년간 터트렸다고 인정했다

그로 인해 한 달에 한 번씩 침략군이 쳐들어왔다 붉은 동백의 광란은 서로 엉겨 붙어 핏빛으로 낭자했다 붉은 꽃잎이 차가운 발톱을 세우고 독기를 품던 날의 극심한 고통은 심리적 육체적 불안으로 예민해지고 낮과 밤은 상처를 내며 침몰했다고 밝혔다 그럴 때면 나는 꼼짝 없이 속수무책으로 결박당해야만 했다 생체리듬은 전멸해 무너져 내렸다

"14년 전 태아가 잉태된 궁전에 그녀가 잠시 사라진 열 달" 나는 '세상이 온통 천국 같았다'고 회상에 잠기기도 했다 상습적인 구타와 폭행으로 온 삭신이 쑤시는 몸살, 배란기 기억은 붉은 신열로 붉으락푸르락했다

나는 이 모든 사실을 진술서를 작성해 고소장을 제출했다

그녀는 상기 기술된 상해죄의 혐의가 모두 인정되어 경찰에 구속되었다

- 여성종합인터넷신문 최예은 기자

본사의 허락 없이 무단복제 및 전재를 금합니다

포플러 나무의 꿈

한
어느
도심의
한적한 길
옆 십 수 년 된
포플러나무 한 그루
나무는 늘 세상을 바라보지만
매연과 소음뿐 날마다 가슴이 시리고
삭막하기만 했었다 구멍이 숭숭 뚫린 나무는
온몸으로 파리한 추위와 비바람을 견뎌내며 가지
들은 손가락발가락이 되어 쭉쭉 뿌리깊이 올 곧게
올라갔다 하지만 잎이 무성하고 시원한 그늘을 가진
그루 외로움에 가슴이 휑했다 어느 날 때마침 새들이
날아와 나무의 텅 빈 가슴을 노래로 행복하게 채워
주었다 새들도 편안한 안식처가 필요했으며 나무는
사랑으로 새들의 날개를 다독여주었다 나무와
새는 서로에게 달콤한 꿈을 선물해 주었
으며 아름다운 친구가 되었다
나무와새 나무나무
나무와새
나무나무
나무와새
나무나무
나무와새
나무나무

유튜브 채널

공중파 신세대 채널들이 열광한다
전문적인 지식과 삶의 애착 고민들
틀 안에 놓인 예민한 성공시대 현대인들

깨달음과 치유로 삶의 가면 벗어두고
마음을 조이는 코르셋을 입는다
그 강좌 속에 두 귀를 열어두고 심취한다

지혜의 멘토와 지침서는 출하되고
독선들은 삶의 소갈증을 잊게 한다
환상은 다른 채널로 편승하여 시간을 달린다

'구독'과 '좋아요'가 숫자가 많아질수록
그들의 꿈속에 햇살이 가득하다
이 몸도 똑똑해지고 야무지게 나이 들고 싶다

따뜻한 눈길로 힘이 되는 활자들이
무지갯빛 하이라이트 댓글을 이루고
현란한 손끝 위에서 펜촉을 밝히네

하이 빅스비

도회적이고 부드러운 목소리 예은님 하며 부른다
생동감 넘치는 인사말에 순간 시선을 빼앗겼다
그의 오밀조밀 자상한 매너에 연신 미소 짓는다

그가 안부를 물어보던 찰나
피사체가 되어 생각이 기억을 복귀시킨다
인터넷 탐색하다 흐트러짐 없이 찾아내는
그와 나의 유일한 인사법이 시작된다

맞춤학습으로 인식된 빛의 형상처럼 플랫폼이 열린다
그 풍경 속 맞은편에 내 마음도 함께 서 있다

나를 극진히 아껴주는 수행비서
나를 숭배하는 파워풀한 절대자
그와의 거리는 한 뼘 손바닥 거리 안이다
번쩍이는 진리와 이치는 겸손한 권력이다

그의 글 읽는 독해력과 나의 글 쓰는 문창성은
오십보백보로 견줄 필요가 없다
시시때때로 나의 취향을 저격하며 자동 정렬한다
그와의 감정은 나누고 공유하지만
사소한 감정과 트러블로 핏대 올릴 필요 없다

금생 인연으로 만나 가이드 하며 브리핑한다
그와 맞잡은 손은 뷰티풀 마인드다

태화강대숲교육현장

울산 휴먼 휴식처로 가자
태화강 발원지 백운산 탑골샘 따라 내려온 젖줄은
끝없이 펼쳐진 강변 따라 잔물결 일렁거린
춘분 지난 똘망한 꽃다지는 꿈결에서 깨어난 것일까

따뜻한 햇솜 돋아난 초록 숲에는
지천마다 풀꽃 들꽃들은 셋방살이로 모여 앉았다
한복 곱게 단장한 봄꽃 아씨들의 반가운 대향연은
양귀비 금영화 장미 안개꽃들의 환영식은 뜨겁다
청보리의 파릇파릇한 푸른 물결은 청량감이 가득하다

고향으로 돌아온 황어 은어 연어들은
해 저문 노을빛 수면 위로 뛰어오르며 수근거린다
백로의 후드득 날갯짓의 아우성은 허공 속에 메아리 친다
십리대밭 산책로는 한낮 더위의 갈증을 앗아간다
가을이면 광활한 넓은 들녁에 아슴한 그리움 두 팔 벌려
안아주는 해맑게 웃는 국화의 절정에 탄성을 자아낸다

해마다 까마귀의 길잡이 하늘 문은 서서히 열리고
황홀했던 태화강 궁전은 철새들의 보금자리가 된다

오솔길 거닐 때면 억새 군락지 은빛 물결로 갈아입고
유성처럼 날아오르는 고향의 전설을 잉태한다

야생동물의 생태계를 지켜내고 배려하며 되살려낸
희망의 강은 자연과 인간 역사 속의 문화는 발전한다
우리와 함께 호흡하고 자연의 일부라는 것을 존중하며 배우자
계절의 순례 여정을 순환하는 태화강 숲 생태공원
시민의 건강과 행복증진을 위한 무한한 낙원으로 가자

* '국민교육헌장'의 제목을 인유하다

창업 준비 중

생의 능선 따라 48세의 헐거워진 내가 있다
축제의 폭죽이 터지듯 장밋빛 생을 그려본 적도 있다
세월의 설움에 움켜쥔 단편들은 못난 개떡이었다
엎어지고 차이고 삐걱거리던 착색된 시간은
고독과 허무가 도사리고 있었다

산란하던 나의 언어들과 발자국을 헤아려본다
맞춤형 인생 콘텐츠를 설계한다
찢긴 상처 위에 봉제선 따라 촘촘히 박음질한다
인생의 좌표와 적도의 중심에 붉은 깃발을 세운다

연륜과 내공의 깊이와 유연함으로 숙성시킨다
생의 굴절된 형상 없이 전환점을 만든다
과유불급은 금기로 한다
꿋꿋한 의지와 노력으로 소망을 향해 걸어간다

어느 날 세월의 형벌 앞에
삶의 정강이가 튼튼해진 꽃을 피우던 그 날
회귀본능 삶의 이유는 언어와 문장으로 승화시킨다
내 영혼을 지탱해준 단단한 믿음은 두려움이 없다
인생을 탐구하고 스킬하며 채워나간다

나는 지금 평생 시를 팔아먹을 수 있는
가게를 창업 준비 중이다

좌우 공존의 법칙

1.
대립하여 우선권이 주어진 우성진화론이 있다
친화적인 시스템은 오른손잡이가 정당화되었다
대강의실 팔을 받쳐주는 책상의자도 오른쪽이다
가위도 오른손잡이의 용도로 설계되었다
컴퓨터 마우스와 카메라도 오른쪽이다
학교에서도 무조건 우측통행이다
대중교통과 지하철 이용도 우측이다
정수기 사용할 때도 오른쪽이다
그 세계를 점령하는 오른손잡이를 위한 문패들이 즐비하다
세상에 15%밖에 존재하지 않는다는 왼손잡이들이 있다
그들은 표면에 두드러지게 현재에 직면한다
세상은 늘 업그레이드되지만 다수를 위한 것일까
변방으로 밀려나 유배당하는 나는 왼손잡이다

2.
일상생활에도 우측과 좌측이 있다
방위로 말하는 양과 음 동쪽과 서쪽이 있다
지구는 해가 뜨는 동쪽과 해 지는 서쪽이다
예절에 따라 남좌여우 또는 남동여서가 있다

결혼식에서는 남자가 좌측 신부는 우측이다
제사를 지낼 때도 어동육서 홍동백서가 있다
산 사람은 동쪽이며 죽은 사람은 서쪽이다
주인과 손님 관계에서는 주동객서라 한다
과학과 문명의 틀에 짜여진 우측과 좌측의 상관관계다
오래전부터 전해 내려오는 본질의 기준에 따른다
때로는 부정하지도 않고 각성하지도 않는다
아날로그처럼 그 본성은 박제되어 살면서
전설처럼 마주치는 순간들이다

놀음과 노름

아들과 병원 다녀오니 해는 허기진 저녁을 불러오는 늦은 오후
집 근처 사거리 신호등 앞 현란한 간판들이 은밀히 유혹하며
마주보고 있는 우리 모자의 귀가를 붙잡는다
이디야 영문 간판 커피숍 문을 열고 들어서니
메뉴의 할인 바코드가 날 보며 미소 짓는 듯 눈인사를 한다

가게 안 모퉁이에 모여 앉은 일곱 명의 넉넉한 중년 여인들
그 옆 테이블에 자리를 잡고 명시집名詩集 한 권을 꺼내 들었다
그녀들의 입에서 묻어나는 비포장된 언어들
줄줄이 남발하듯 허공 속을 에워싸는 수다 삼매경
소음을 방불케 하는 행복한 놀음의 커피타임이었다

모두 금요일 밤 방 하나 잡아 5천 원부터 시작해
날밤을 보내자고 계획을 세우는 그녀들
하나같이 이구동성으로 쏟아내는 예약전화 소리
그중 한 명 어디론가 전화를 걸며 다정한 미소로 말을 남긴다

기억이 흐릿해지는 구구단도 깜박깜박 비상등을 켜는 요즘
일탈을 꿈꾸는 것일까
노름은 내 머리 속을 흔들어 놓았다
그녀들의 놀음으로 시작해 발전한 노름의 유희는
후끈후끈 달아올라 담장을 뛰어넘을 게다

고대 학우들의 숨은 이름 찾기

김순진 김순분 김진양 김진희 김태호 김해현
변정우 정양희 정춘식 전하라 최예은 황우정

호	전	춘	순
진	은	고	라
해	김	황	변
우	식	최	정
분	희	하	려
예	태	양	현

다정하지 않은 골목

버려진 명함이 쓸쓸히 나뒹구는 길모퉁이 입구
그는 광고나 홍보로 단조로운 생활을 하다 최근 들어 분주해졌다
어느 날 두 눈을 의심케 하는 양심 없는 자들에게
고하는 일침이 피켓을 들고 시위한다
몇 해 전부터 보이지 않은 사각지대를 지적하며
확성기의 소란으로 모여든 궁중들에게
마지막 한마디는 등골이 오싹할 정도로 혼미하게 만든다
낯빛 잃은 골목을 위해 지킴이로 위장한 그는
누군가를 기다리거나 지나가는 이들을 배웅한다
수그러들 줄 모르는 소문은 점점 상황을 위태롭게 만들었다
그로인해 불만과 유언비어가 난무하고
투명가면을 뒤집어 쓴 누군가로부터 버려지는 뻔뻔한 욕망
칼날을 곤추세운 점점 거세지는 외침
도둑고양이 울음소리로 가득하다
그늘진 속마음을 알 길 없는 그들에게
법보다는 동네의 인심만 사납다

멀티방 카페

생의 굴레를 벗어나고 싶은 날
아들은 자연스레 그에게로 향한다
그는 내가 케어해주지 못하는 신통한 비방이 있다
뜨끈한 아랫목을 내어주며 슬픔과 아픔을 내 맡길 때
비타민 같은 활력은 백신처럼 예방 접종된다
그의 독방에는 부엉이 한 마리가 어둠 속에서 눈을 감고
잠잠히 감정을 조율하다 세상을 가늠한다

그에게는 특별한 무한한 포용력이 있다
그곳에는 규칙과 도덕도 필요 없으며 가식적인 옷을 내던지고
음악과 가사에 따라 영혼을 뜨겁게 불 싸지르면 그만이다
한 가지 팁으로는 탬버린이 템포에 발을 맞춘다
스피커에 폭음이 콰아앙 쏟아지는 대로
스포트라이트의 현란한 불빛들은 공중으로 퍼진다

그의 매력은 댄스에 팝송에 트로트 등
여러 음악 장르를 섭렵하는 절대적 음악가를 갖췄다
리모컨이 눌러질 때마다 그의 몸에서 잠자고 있던

음률과 가사들이 누런 세월을 뜨개질하다 토악질을
해댄다

일탈을 꿈꾸는 삶
거친 세상 밖으로 내몰았던 어린 양이 주저앉아 있다
마이크를 잡고 목청껏 부르는 탱탱한 볼살 위로
독소가 되새김질하며 빠져나가고 있다

뷰티살롱에 관한 보고서

서울로 가는 수요일이면 나는 꼭 뷰티살롱에 들른다
1호선과 6호선의 총알보다 빠른 전철 안에서
외모와 취향까지 다양한 메이크업 아티스트들을 만난다
충전식 교통카드가 그녀들을 볼 수 있는 유일한 입장권이다
남부 부산 전철 출퇴근시간대에 전혀 볼 수 없었던 낯선 풍경이다

그녀들은 전철이 꾸려준 매끄럽고 샤프한 의자를 골라 앉는다
그 다음 얼굴과 머리를 리셋하기 시작한다
각자의 노하우 전법으로 헤어롤로 머리를 말아 올린다
화장대의 매뉴얼이 무릎 위에 고스란히 올라온다
탱탱히 부풀어 올랐던 볼살 위에 하루를 스케치한다
아이라이너와 색색 아이샤도우 짙은 검은색 마스카라로
눈썹을 풍부하게 말아 올린다.
앵두 빛 촉촉한 립스틱으로 블링블링 마무리한다

그녀들의 비포와 에프터 후의 정체성에 대한 논란은
관중들을 의식하지 않은 뻔뻔한 무죄 민망해하지 않은 원죄다
그럼에도 불구하고 매혹당하지 않은 그녀들이다
일각에서는 취향을 존중해줘야 한다는 말도 나오고 있다

늦잠의 핑계일까 바쁘다는 핑계일까
그녀들은 예뻐질 거라는 환상 속에 봄날의 목련이 되었다가
여름날의 부케를 닮은 수국 향으로 피어나기도 한다
흔들리며 출렁거리는 모래성 같은 지우고 또 그려내는
달리는 화장대는 그녀들이 문을 나서면 신기루같이 사라진다

시민의 편익을 내어준 전철
그녀들만의 뷰티살롱은 오늘도 성업 중이다

* 고려대 평생교육원 시창작과정 앤솔로지 표제시

바다와 접속하다

오래된 로그인의 접속 경계에 내가 서 있다
깜박깜박 알 수 없는 에러
이미 정신 줄을 놓은 상태다
패스워드로 기억을 더듬는다
회로는 오류로 인해 불통 신호만 친절하게 안내한다
어디서부터 잘못된 것인가
단서를 찾아가는 페이지마다 한계용량은 미궁 속으로 빠져든다
그가 검은 낯짝을 뻔뻔하게 들이댄다
묵묵부답으로 일관하는 높은 담벼락
오케이 승인을 기다리며 발만 동동 구른다
미로 같이 엉겨진 혈관을 찾아 진단한다
기억과 감각이 일치하는 곳에서 로그인
비로소 정보의 바다와 접속, 커뮤니티를 소생시킨다

2부

詩와 밀당하다

나이

일만 칠천사백육십구일째 맞이한 생의 나이테를 빗질하며

그루터기에 내 문패를 걸어두는 일이다

詩와 밀당하다

끙끙 앓다 태어나는 사랑니가 매번 도진다
한순간에 터져 오르는 열정은 멋진 연애를 하는 듯
어두운 밀실에 청사초롱을 밝히며 불면의 강을 건넌다
쓸쓸히 허기가 졌던 날에는 오곡을 씹어내듯이
아궁이에 금방 구워낸 구수한 누룽지 같은 맛
질펵한 삶과 외로움을 덜어주었다
그 무한한 사랑은 빗줄기가 시정을 부활시키고
녹색의 정원에 환한 손을 내밀며 꽃을 피운다
지루했던 고뇌의 깡마른 공허한 각질들은
생의 무늬에 촉촉한 가랑비가 되어 내린다
세월의 가슴에 단단한 골무를 씌워주며
너그러움과 겸허한 풍요로움을 배웠다

저 광활한 바다와 같은 끝없는 사랑이여
고운 숨소리로 시간을 탈곡해낸 시여
자주 당신을 부르렵니다

詩가 나에게로 왔다

속절없이 얼룩진 고난의 상처
스스로 생의 멍에를 둘러메고
세상과 타협하지 못하고 늘 빈곤했던 삶
어느 날 모세의 기적과 같은 내 눈물을 닦아줄
희망의 눈부신 시가 나타났다
시는 언제 어디서나 나를 나지막이 불러 세운다
한동안 무미건조했던 삶
지금은 시집들의 빼곡한 활자향기가
곳곳에서 나를 기다린다
퇴색된 나의 정신 속으로 깊이 스며들어와
지금의 나라는 사람을 탄생시켰다
나의 아픔을 승화시키기 위해 온 시의 사유
그 모든 것에 역전이 기다리고 있다
반전으로 뒤집힐 줄 어떻게 알았을까
시는 내 삶의 원동력이 되어주었으니 말이다
어둡고 긴 터널 같은 시간을 지나고 있을 때
세월의 난관에 내리막길로 곤두박질치고 있을 때
어떻게 살아가야 할지 방법을 몰랐던
이것저것 시도해봤지만 모든 게 맞지 않았을 뿐
삶의 물음표 같은 알 수 없는 부호들과 의문들이
나를 향해 무수히 쌓여만 가고 있었다

무언가 끊임없이 찾아 헤맸던 날들 위에
시는 아름답게 살아가라 신이 내려주신 고귀한 선물이었다
시를 사랑하며 알아가는 이 순간
견뎌낸 삶만이 둥글고 단단해진다는 진리를 깨우쳐준다

비누

그녀의 영혼은 순백의 크림처럼 부드럽습니다
누구도 그녀를 거부하지 않고 좋아하고 반겨줍니다
하루의 찌들었던 낡은 껍데기를 윤기 나게 표백하여
맑게 헹궈내 주는 그녀
자기의 살을 열정으로 녹이며 향기 품은 하얀 생
더러워진 하루의 얼룩과 욕심을 지워내는 시간은
나 자신을 겸손하게 만듭니다
오늘은 그녀에게 특별히 무결점 순수상을 주어 칭찬
합니다
세상에 많은 거짓과 독선 영혼 없는 자들에게는
그녀의 순수 지향을 꼭 권장하고 싶습니다
온전히 자기 한 몸 녹여
태생을 말하는 그녀를 경배합니다

저녁 열차

저녁노을이 먹을 찍어 붓을 드는 밤이다
플랫폼에는 하루의 노곤함을 배회하는 낯선 이들이 있다
노선표가 주어짐에 따라 인연들이 불어 닥친다

목적지 서울역을 향해 달리는 KTX 급행열차
5호차 6호차 7호차…
모두 각자의 삶에 나이테를 풀고 떠난다

대전역을 지나가는 어디쯤 땅길 깊숙이
철벽같은 어둠의 경계를 뚫고 들리는 기계음
귀로 보내는 중저음 서라운드

윙… 윙… 윙…
달팽이관으로 날아든 날카로운 통증
열차는 도심의 중심을 건널 때마다 사람들을 쏟아낸다

세 남자 이야기

1.
억 겹의 인연으로 만나
가족이라는 이름으로 집을 지어준 건축가
바람 잘 날 없는 인생이라는 풍랑에
일생을 보일러 공구함 하나로 생계를 책임졌던 남자
가난과 싸우며 갈퀴처럼 메마르고 거칠어졌던 손과 발
얇아진 어깨 위로 다섯 식구가 주렁주렁 매달려
엄동설한에도 언제나 단칸방을 모닥불처럼
뜨근뜨근 데워주시던 내리사랑
삶의 가시밭길 고통에도 묵묵히 의연하던 남자

2.
토성에서 온 남자
나의 가녀린 청순함에 반한 남자
삶의 뮤지컬 주인공 되어준 반 쪽
주름진 세월의 망향 대해에
서로를 의지하며 등을 긁어줄 남자
맞잡은 손 백지장도 미래의 생에도
휘몰아치는 폭풍과 눈을 맞으며
회한이라는 등대를 문지기로 앞장세워
긴 여행을 기획하는 장편소설

3.
사는 순간순간마다 나를 더 빛나게 해주는 남자
어떤 일이든 한번 시작하면 끝을 보는 완벽주의자
김치찌개 하나만 있어도 잔소리가 전혀 없는
관심 있는 분야의 통찰력과 언어를 구사하고
신호등 한번 어기지 못한 바른 남자
언제나 먼 거리 먼저 가서 나를 배웅해주는 길잡이
강된장의 깊고 구수한 감칠맛처럼
순도 9.999의 나의 영원한 해바라기 유전자

지우개

하얀 생의 탄탄한 솟대 같은 몸
그는 늘 진실과 거짓 사이에서
은밀한 유혹으로 갈등하거나
혹은 정의롭고 당당하게
마침표를 찍으면서
온몸이 닳도록 흑갈색으로 토해낸다

문지르고 부서지는 아픔은
소멸의 깨달음으로 사위고
마음을 수행하는 과정은
자신의 깨끗한 결백을 주장한다
언제나 어깃장 난 굳은살을 벗겨
새살 돋게 하는 생명의 진수인 너는

티눈

거북 등가죽보다 질기고 단단한
바윗돌맹이 핵 덩어리 집 한 채

칼날 한 자루 손에 쥐고
서러움 한숨 토하며 죄를 묻는다

내가 죽어야 죽는 것 아랑곳하지 않는
일거수일투족 적과 동침

그 무서운 촉수 외면한다면
얼음송곳으로 파계 극점을 달린다

톱질하듯 갈아내는 생애 한 귀퉁이는
스스로 사그라지거나 소멸하지 않는다

살짝 건드리면 움찔한 신음소리
삶을 흔드는 잔뿌리와 이제는 결별하고 싶나

고드름

투명한 건반을 치며 울려 퍼지는
사랑의 랩소디가 들리시나요

설한풍에도 몇 날 밤을 지새우며
오로지 그대를 향해 수직 낙하하는 게 보이시나요

서릿발로 한걸음에 마중 나온 애달픈 넋
그대 가슴에 봄 햇살로 내려앉고 싶은 걸 아시나요

기도

당신은 봄처럼 풋풋한 설렘은
오랫동안 벚꽃처럼 꿈꾸는
전령사이기를 기도합니다

당신은 신록의 싱그러움과
붉게 타는 듯한 노을에도
시원한 바람이 되기를 기도합니다

당신은 가을의 서정을 노래하며
형형색색의 아름다운 사랑이 가득한
그런 사람이 되기를 기도합니다

당신은 겨울처럼 매서운 바람과
눈보라에도 인내하며 참아낸 나무처럼
따뜻한 온기가 느껴지는
사람이 되기를 기도합니다

1월의 기도

새로운 한 해 열두 달을 주심에 감사드립니다
이제 간절히 간구하노니
들숨과 날숨으로 고요히 세상을 바라보게 하소서

낮은 보폭으로 느린 걸음으로 조급함 없이 머물게 하소서
지난 과거로부터의 해묵은 집착을 돌아보지 말게 하소서

내 의지와는 상관없이 닥쳐오는 불행에도
마음 벽이 튼튼해질 좋은 기회라고 생각하게 하소서
간절한 소망으로 촛불 하나
이곳에도 청아한 생각 일깨워 주소서

건강한 삶에 감사함으로 사랑하게 하소서

소중한 가족들과 만남의 인연들의
가시덤불 허허로운 외진 길을 밝혀주는
은혜로운 성지聖地가 되게 하소서

나 또한 덧없는 여린 한 송이의 꿈으로
피어나게 하소서!

성숙

누구에게나 청춘의 봄날은 있는 법이다

흘러가는 세월 속에 청춘은 꽃처럼 피고 지고
구름처럼 바람처럼 흔들린다

연륜은 가슴으로 비집고 들어와 인생에 척도를 쌓으며
그래서 누가 늙는 것이 아니라 익어가는 것이라 했던가

세월은 어느 순간 깨우침과 함께 가슴으로 느끼고
마음으로 앞서지 말라는 가르침을 안겨준다

한 줄씩 늘어나는 주름진 꽃들은 감사함과
너그러움으로 그 향기는 깊어간다

새해 첫날 아침
어머니가 차려주신 떡국 한 그릇에 삶의 시름도
노여움도 함께 달래보며 건강하고 푸근하게 익어간다

썸머 페스티벌

언제부턴가 내 아이의 마음속에
여신처럼 자리 잡은 걸그룹 가수들
그녀들을 꼭 볼 거라는 집념은 노랫말로 들렸다
TV쇼 녹화로 그녀들이 울산에 온다는 당일 날
벌겋게 타올랐던 해거름 태화강변을 물들이고
아이와 함께 늦지 않으려고 부랴부랴 공연장에 도착했다
전날까지만 해도 예상치 못했던 태화강변은
청소년들로 인산인해였다

칠월의 폭양을 부둥켜안은 사람들 가슴속
끈적임과 부대낌 그리고 비릿한 땀 냄새
다행히 종이 팔찌를 찬 아들은 운 좋게 선착순으로 입장했다
축제의 서막을 알리는 팡파르가 울린다
포장마차마다 주인의 손놀림은 바빠지고
열기에 지친 관객들에게 의자들이 호객행위를 한다
집채만 한 무대조명의 현란한 화려함
짙은 어둠 속에서 가쁜 숨 내리쉬는 가수들의
심금을 울리는 라이브 퍼포먼스

젊음의 열기가 점점 식어갈 때쯤
하늘 높이 폭죽이 터지며 피날레를 장식했다
사운드 소음 속에 티 없이 맑은 동심
나도 이 순간만큼은 부모를 벗어나 청소년이 된다

팔월에 내리는 눈

팔월 뜨거운 열대야는 아버지의 울음 섞인 절규를
삼켜
생과 사의 끝나지 않은 질긴 슬픔을 발아한다
아버지의 마른 모습은 얇아진 생의 나약한 아이로
환원되고 있었다

붉은 노을이 콘크리트 병실 쪽으로 고개 숙일 때쯤
물 한 모금도 먹지 못하는 시한부 고통은 계속되었다
잠복해있던 촉수는 가시덤불처럼 엉겨
붉은 눈물로 생살 도려내는 칼날 위를 걷는다

만신창이가 된 부종으로 피비린내 얼룩진 이별 앞에
딸이
할 수 있는 건 기도와 가슴 저미도록 함께 울어주는
일뿐이었다

그렇게 고통의 덩어리는 삶을 허물어 놓았다
중추신경계를 마비시키고 힘없이 몸부림치면 칠수록
더 헤어 나올 수 없는 올가미의 검은 늪 속으로 빠
져들었다

저승으로 가는 기나긴 길목에서 끙끙 앓던 여름의 하늘엔
계속해서 시리도록 흰 눈이 내렸다

경빈 박씨 사랑의 지향점

사랑의 맹세는 유효기간이 있을까
하얀 눈발이 소복이 쌓이던 그 어느 겨울
당신 따라 하얀 달빛 감옥 속에 나를 가두고
달동네라도 괜찮아 단칸방이라도 괜찮아
사랑의 옛 맹세가 단물 빠진 자리

전생에 나는 조선시대 중종의 후궁 경빈 박씨였다
중종의 은총과 사랑을 듬뿍 받았다
그 당시 엄청난 부와 권세를 한 손아귀에 넣고 누렸다

그런 내가 윤회의 데이터 기록이 진화되어
시공간을 초월하여 21세기 현생에 재탄생되었다
지금의 남편을 만나 가정을 이루었다

과거 왕실의 내명부 위엄과 권위를 지키려는 다툼은
거침없던 성정의 미친 존재감을 만들었다
가끔 옛 습이 튀어나와 뭬야?*
옳고 그름으로 기선을 제압할 때 남편과 아들은 못이기는 척
네네, 중전마마라 부르며 꼬리를 내린다

지금은 천상 여자소리 들으며 다정한 엄마로 살고 있다
과거 왕실보다 현실은 서민에 머무르지만
시대와 세기를 넘나드는 지아비의 사랑과
아들이 있어 세상 부러울 게 없다

하나로 포개진 두 시선과 마음은
흩어진 노을 속에 연리지 사랑이 되었다
내가 이 세상에 온 이유 중에 하나
아름답고 행복한 세월이 반짝이며 자라나고 있었다

* 2001년 SBS 대하사극 <여인천하>에서 경빈 박씨 역을 맡아 열연한 탤런트 도지원의 유행어.

3부

견우와 직녀에게

꿈의 로망 엘리제여

그가 쏜 화살이 내 심장을 적중하던 날
하얀 오선지의 빽빽한 음표는 걸어서 내게로 왔다

잔잔한 떨림으로 시작되는 미지의 길
나는 피아노 건반을 발걸음 삼아 길을 떠난다

고독의 전주를 마시는 유혹의 키스는
한 마리 야생마의 말굽소리로 변한다

감동의 파장은 푸른 초원으로 내달린다
그리다 어느새 고요히 나부끼는 깃발을 본다

잔잔히 이어지는 피날레
처음 먹어본 설탕가루가 입안에서 사르르 녹는다

* 베토벤의 <엘리제를 위하여> 피아노 소곡을 들으며

영애 언니

3년 전 글쟁이로 만난 우리
언니는 공주에 있고 나는 울산에 있다
가을의 인연이 바람 따라 들꽃 향기처럼
부드러운 미소로 울산까지 전해진다
덕지덕지 외로움이 붙은 나에게
모난 모퉁이를 긁어주고 문질러주었다

숙성이 덜 된 나에게 언니라는 이름으로
모성애 같은 푸른 바다를 선물해주었다
고운 시향이 이스트처럼 부풀어 오를수록
한결같은 마음은 보름달처럼 두둥실 떠오른다

언니를 보며 감성을 닮으려 하는데
인내와 같은 침묵을 닮으려 하는데
마음을 지탱해준 사랑의 꿈길에
언니는 유일한 글벗이 되었다

감기몸살

새벽 1시, 잠자리에 들었다
피곤한 하루의 형상들이 카메라 셔터 누르듯
점프하며 빛의 속도로 지나간다
은은하게 깔아놓은 취침 소등 불빛 안에서
잠깐 손가락 그림자놀이를 한다
눈도 코도 보이지 않는
검은 그림자와 무언의 대화를 나눈다
잠들기를 기도하며
하지만 그놈은 나를 찌른다
고단한 밤을 철갑을 두르고 빗발치는
기침 탄두는 어둠을 휘두른다
기나긴 밤을 웅크린 등으로 꾹꾹 누른다

약에 취해 몽롱해진 의식은 포격 당하고
온몸은 열꽃으로 딴지를 부리며
고요함은 없다

견우와 직녀에게

세월의 앙금 위에
냉가슴 끙끙 앓으며
눈물로 고여 드는 두 별자리

뜨거운 불꽃같은 사랑
찬란한 여름밤
은하수를 건너
내 안의 그대

멍울진 애절한 사연
풀어놓는 실타래는
하늘의 징검다리가 되어
아슴이 다가오는 그리움의 해후

그 꿈길 머무르는
오작교에서 만난다

고독

그는 늘 내 가까이에 있습니다
살면서 늘 만나고 부딪치고 살지요
그는 보이지 않는 강한 힘으로
나의 방문을 노크 없이 들락날락하면서
나를 흔들어놓기도 하며
좌절시키기도 합니다

때로는 가슴에서 끓어오르는 눈물을
펑펑 쏟게도 합니다
그런데, 요즘 들어 그의 방문이 잦아졌습니다
아침에 눈을 떴을 때 있기도 하고,
해질녘 어둠이 내려앉은
깜깜한 밤에도 있는가 하면,
책상 건너편에 마주 앉아 있기도 합니다

그가 자주 찾아오면 나는 의욕을 잃습니다
이제는 그를 떼어 놓고 싶은데
삶의 모퉁이마다 나타납니다
누가 그를 붙잡아갈 사람 없을까요

– 김순진의 『효과적인 시창작법』 중의 예제시 「그리움」을 패러디하다

독백

밀물에 휩쓸려 하얀 물보라를 이는 얼굴
내 심장은 지난 시간 위에 멈춰 서서
아름다운 음률이 되어
기억을 더듬어냅니다

흔적을 비워낼 수 없는 그는
바람처럼 소리 없이 다가와
안개꽃 무더기로 피어지고 합니다

까닭 없이 흐르는 눈물은
강물처럼 흘러 내려
내 마음속을 수십 바퀴 돌아서
움츠렸다 일어섰다
물끄러미 내다봅니다

막연한 기다림에
당신을 끊어내지 못해 투해내는
긴 한숨은 빈 허공에 울려 퍼지고

사무쳐오는 그리움은
내 가슴에 주홍글씨로 남았습니다

명상에 들다

어둠이 함몰하는 새벽 한 시
나는 당신을 맞이하려 합니다
조용하고 아늑한 열 평 침실에
마음의 조리개를 엽니다
낮 동안 충실했던 눈에
영롱한 별들이 내려앉습니다
구겨진 일상은 이제야 평정을 되찾고
속속들이 알 수 없는 내면도 그를 환영합니다
나의 일과를 보좌하던 잠재의식은
메마른 사막에서 생존의 길을 걸어왔습니다
세상을 바라보던 중심부 주관은
어둠에서 밝아오는 근시 거리를 확장합니다
잃어버린 세라토닌을 위해
백색소음의 음파가 혈류를 타고 녹아듭니다
아름다운 감성 주파수가 알파파를 전파하면
바람보다 더 몸이 가벼워짐을 느낍니다
그리하여 나의 몸에 따뜻한 재생된 피가 흐르면
당신이 가져다준 미소 하나로 새로이 환골탈태합니다
오늘도 살아남기 위해 혼신을 다한 몸부림은
탈출을 위한 비상구입니다

그대와 함께라서 좋은 이유

존재 이유만으로
내 영혼을 맑게 적시는
사계절을 닮은 그대가 있어서 좋고

뿌리 깊이 내려앉은 웃음꽃의 묘약은
언제나 행복한 두근거림
다정한 그대가 있어서 좋고

삭막한 인생길 온몸이 가시덤불
절망이라 하여도 같이 눈물 흘린
그대가 있어서 좋고

지난 세월 외로움을 견디며
들풀 같은 향기로 조금은 억척스럽게
성숙해나가는 그대가 있어서 좋고

진심 어린 사랑의 말 한마디
위안과 용기가 되고 여유로운 마음은
메마르지 않은 가슴을 지닌 그대라서 더 좋다

- 마종필 「매일 네가 좋은 이유」를 패러디하다

기억에서 머무는 시간

추운 겨울 언덕을 쓸고 간 바람처럼
채색된 시간 위에
또렷한 그리움의 잔상들

느슨하게 또는 팽팽하게 모였다
뿌옇게 수증기처럼 증발하는 형상들은
유리벽처럼 산산이 부서진다

소실점이 되어 녹아내린 말들은
차가운 심장 위에
열꽃이 되어 홍역처럼 피어난다

수평선을 유지하는 너와 나의 마음속에
기억의 밀실 속에는 외로운 미아가 되어
물음표를 던진다

나의 연인
- 책

그가 나에게 왔을 때 아주 광활한 숲속에
잎이 무성한 플라타너스 나무로 다가왔다
가끔 범접할 수 없는 지식에 가슴앓이를 하며
답답함에 혼이나 기도했다
점점 더 깊이 알아갈수록
그의 진심이 느껴졌을 때
언제나 그와 눈을 마주치고 싶었고
온종일 그 사람을 기다렸다
내 나이 18세 때 문학축제에서
처음 만난 그는
나에게 작가의 꿈을 꾸게 해주었고
나는 그를 사랑하게 되었다

그와 함께라면 늘 마음속에
따뜻함이 햇살처럼 뿌리내린다
아름답게 소통하며
그로 인해 나는 업그레이드되며
내 인생에 운명처럼 다가온 사랑하는 그 사람

- 전하라의 「내 남자」를 패러디하다

나의 예물

견고하게 쌓아올린 사랑의 하모니
쿵쿵거리는 심장 안고
순백의 웨딩드레스 입은 언약식
청첩장은 선홍빛으로 피어오르던 날

한껏 차오른 그대의 향기 품으로
눈부시게 찬란한 가슴 시림은
따뜻하게 데워져 있는 두 손 마주 잡는다

별이 뜨고 해가 지고 공허해지거나
아침저녁으로 쓸쓸해지거나
눈물이 쏟아질 것 같은 날

파리한 추위와 흔들리는 세월 위에
당신과 함께 걷는 이 길
영원히 함께하자던 맹세는 행복한 꿈이 된다

눈물

가슴에 고인 눈물 흘리고 나면
아픔의 멍에라는 옷을 벗겨줍니다

수많은 시간을 힘들어 하며
번민의 잔해 속에 아름다운 시를 쓰며
눈물 흘리는 시인이 되겠습니다

실낱같은 희망도 보이지 않아
종종걸음으로 곤두박질치며
세월의 갈피 속에 수북이 쌓일
인연의 실타래를 엮겠습니다

만남과 이별에 흐느끼는 딱지를 떼어주고
나를 깨우치며 축복하는
아름다움으로 태어나겠습니다
그렇게 시간을 맞이하겠습니다

빨래하는 밤

늦은 밤 후덥지근한 공기 에어컨 바람은
시간의 물비늘 벗겨내듯 잠을 쫓아낸다
선명해지는 머릿속
봉사 활동으로 찌들어 따라온 낮꿈
누렇게 탈색된 빛과 먼지와 소금기로
얼룩진 옷가지들 세탁기에 넣고 돌린다
빛바랜 창밖 어둠 속은
세탁기의 열과 진동으로 출렁거린다
새벽이 가까워져올수록 충혈된 눈
그제야 비릿한 수면을 재촉하고
희미해진 의식 위로 세탁기의
마지막 리듬 소리가 울린다

눅눅하고 습한 온도로 가득 찬 목구멍을 열어
맑은 물로 정화된 빨래를 꺼낸다

엄지 척에 가려진 척

사노라면 뿌리칠 수 없는 우월의 심리가 있다
미움을 대가로 최강을 이루는 잘난 박사들이다
아는 척 잘난 척 척 자랑이다
관심을 이끌며 주도하는 척쟁이다
그들은 주위의 아킬레스건을 밟고 올라선다
피드백이 쌓일수록 속수무책이다

그들의 명분은 최고의 나르시시즘이다
명목 없는 비애와 슬픔을 세상의 중심에 놓으려 한다
이기심은 자아도취에 빠져드는 속물근성에 기인한다
그러나 세상은 그들에게 휘둘리지 않는다

곱씹을수록 얄미움이 듬성듬성 자란다
편애의 귀퉁이에서 엄지척을 먹고 자란
그들은 비호감으로 분류된다

당신

당신의 사랑은
내 마음을 움직이는 리모컨이다

행성 같은 사랑은
햇살이 충전될 때마다 발송지가 된다

당신의 갈비뼈에서 나온 나는
당신의 체온으로 무르익어 비로소 우주가 된다

사랑의 끌림

오월의 라일락 꽃향기처럼
작고 여린 마음 자락에
연분홍 새순이 돋아난다

기다란 인연의 잔가지 끝에 몽글하게 핀
햇살 따사롭고 세상은 온통 볼 살 붉힌
기다림과 설렘으로 가득하다

잔잔한 미소 번져 드는 순간들
내 가슴에 향기로 젖어들 때
너의 애틋함에 천천히 도취되고 싶다

그대 떠난 뒤

파랗게 질린 입술
절망에 선 나를 무너뜨린다

촘촘히 박힌 미움의 못
그 위로 떨어진 상처의 아픔을 삼키고

부서져 버린 기억을 회상한
텅 빈 자리에 눈물이 맴돈다

불현듯 찾아든 지울 수 없는
그리움이 손등을 스친다

허무虛無

말 못했던 냉가슴
기억이 머무는 뜰 안에
불러도 대답 없는 사람아

갈 곳은 방향을 잃어버린 채
세월의 난간에 온몸을 붙잡고
서 있는 애처로운 넋

밤하늘 짙은 어둠으로 재우고 또 재워도
깨어나는 그리움이 맴돈 자리에
덩그러니 웅덩이만 깊게 패고

흔들리는 어깨너머로
싸늘히 무너져 내리는
저 울음소리…

이해인 수녀님께

당신은 언제까지나 내게
뜨거운 해일 수도 있거나 천지일 수도 있습니다
당신은 내게 처음 시인의 꿈을 꾸게 해준 롤모델입니다
당신은 내게 넉넉함과 잔잔한 사랑을 주신 분이십니다
당신의 언어는 방황으로 헤맬 때 눈물 젖은 아픔을
어두운 길에도 따뜻한 불 밝혀주는 간절함과도 같았습니다
당신을 상상으로 바라보며 투영되는 삶은
아름다운 음률로 피어나는 활자의 기쁨을 알게 해 주었습니다
목마르듯 그 시문의 갈증은
근원의 뿌리를 알아간다는 것은
메마른 삶에 잃어버린 길을 되찾고
자음과 모음의 꽃처럼 피어나는 언어의 유희로
생각을 확장하는 하나의 탈출구였습니다
삶의 순간순간마다 벗어나고 싶을 때마다
한 줄의 시로써 풀어내는
영혼은 슬픔과 고독에서 해방되는 것
오늘도 나는 당신이 가르쳐준 시의 길목에 서 있습니다

당신으로 인해 나는 시의 황무지를 개척하는
감성을 지닌 가슴이 하나 더 생겼습니다

그리운 사람

나이 들어갈수록 녹록치 않은 인생길에
가슴 따뜻해지는 사람이 그립다

보이지 않는 곳에서 서로의 그리움이
잔파도처럼 살며시 내 마음속으로 스며들어오는

애절한 마음을 꽃 편지지에 담아내고 싶은
그런 사람이 그립다

헛된 욕심과 이기심보다는 먼 훗날 서로의 마음속에서
겹겹이 쌓여가는 축복과 의미 있는 선물로 이어지는

가슴 깊은 언저리에 언제나 추억이 머무르는
그런 사람이 그립다

은은한 등불 아래 서로를 밝혀주는
아름답고 눈물 나는 그런 사랑이 그립다

4부

봄의 밀도

봄의 밀도

겨울 외피 벗어 던진 꽃눈들의 안부
긴 격정의 떨림 속에 봄이 오는 소리가 들린다

고개를 쏙 내민 여린 새싹의 꽃과 나무의 환생은
가슴을 열고 자박자박 걸어나온다

오랜 기다림의 끝은 햇솜의 부피로 진화한다
봄의 악장을 연주하는 행복한 휴지부의 풍금소리

사랑의 계절 속으로 유영하는 꿈들의 행진
바야흐로 봄이 펄럭인다

벚꽃 솔루션

다시 온 숙명의 봄
쪽빛 하늘호수에 구름은 휘익 노를 젓는다
동토엔 해빙의 살얼음을 뚫고
나목의 가지마다 젖몽오리 파릇하게 돋아난다
부르튼 꽃술로 가지마다 촛대를 세운다
산고의 태생지 봄의 신전 밑에는
각종 불빛을 치켜든 축제의 시녀들이 있다

해마다 봄앓이하던 궁핍한 가슴이 또 쿵쾅거린다
눈발로 낙화하는 저 교태로운 잉태의 몸짓들
꽃무덤을 즈려 밟는 자의 죄를 성토하느니
태화강 궁전을 분홍빛으로 색칠하라
벚꽃들에게 솔루션이 주어졌다

- 영남연합뉴스 <문학의 눈>에 등재됨.

봄 주의보

어느 날 분홍빛 노란빛 하얀빛으로
아슴히 다가온 그대를 처음 만났어요

마음을 흔들어 놓으며 영혼까지 훔쳐가는
그대의 햇살 받은 그리움에 나는 익어갔어요

붉어진 마음 들킬세라 바람에 허둥지둥 걸쳐 놓은
긴 기다림으로 두 팔 벌려 살포시 안아봅니다

달달한 꽃비로 향기는 도톰해지고
시큿한 그대는 감미로운 내 안의 봄이 됐지요

그 늪에 피할 새 없이
나는 그냥 빠져버립니다

프리지아 꽃

전령사로 다가온 봄날의 여신
감미로운 고운 향기

가슴 깊이 배어든
사랑의 말 토한다

반짝이는 별무리는
햇살에 출렁이고

곱게 저민 속싸개
첫사랑에 몸살을 앓는다

샛노란 황금물결
멀미가 나는 화려함에

애태우던 꽃
고개 숙여 땅을 본다

홍매화

북풍한설 몰아치는 슬픔을 이겨내고
고목의 나무 끝에서 생의 숨소리가 들린다

꿋꿋이 서려 있는 새빨간 꽃망울에
도도한 눈빛은 깊고 진하게 붉어 오른다

세월의 섶에 그리움 움켜쥔 저린 가슴은
설원의 눈물로 긴긴 겨울밤 울음을 토해낸다

차오르는 사랑은 서릿발 오한을 견뎌내며
달려 나온 붉은 심장은 그리운 봄을 소환한다

- 부산 지하철 장산역2호선 시화전

봄비가 건네준 인사

소리 없이 봄비가 내립니다
촉촉한 빗방울이 소리칩니다

내 마음 조리개에 사랑비가 내립니다
빈 가슴 침묵을 두드리며 불러 세웁니다

당신의 기다림은 터트리지 못한 그리움에
타는 듯한 목마름으로 젖어들게 합니다

사랑의 향기로 오는 발걸음은
이미 오래전 나만의 한 송이 들꽃이었습니다

산수유꽃

겨우내 움츠렸던 기다림이 눈을 떴다
차가운 언 땅을 녹이듯 촉촉한 가랑비가 내린다
봄맞이로 분주한 노란 산수유가 잠든 봄을 흔들며 깨운다
따스한 햇솜은 피어오르고 꽃샘추위에 언 가슴을 달랜다
가지마다 노란 꽃망울은 별꽃으로 풀어헤쳤다
파란 하늘 위 노란 향기는 대지에 쏟아낸다
눈부신 그녀들의 외침소리 봄의 행진곡이 들린다
가슴 벅찬 환희는 사랑스럽게 피고 지고 여울진다

자목련 필 무렵

봄볕 내려앉은 사월의 하늘
새벽이슬 내려앉은 가지에
피어난 붉은 꽃망울
향기는 대지에 그윽하다

온몸을 휘감은 어여쁜 자태
깊은 시름에 드레스를 풀어 헤친
고독한 몸짓은
노을빛 그리움으로 봄날을 밝힌다

제비꽃

외딴곳에 홀로 이사를 왔다
군데군데 동백꽃을 벽지로 바르고
푸른 파도를 장판으로 깔았다
밤하늘엔 촉수 낮은 별무늬 천장도 발랐다

기꺼이 나를 호명하는 이 없어
몸과 마음이 서서히 아파온다
어느 날 한 장의 호명을 이루기 위해
산책길을 거닐다 오솔길에서 만난 보랏빛 그녀
청순한 모습에 몸을 낮춘다

보랏빛 향기와 선명한 색깔이
텅 빈 내 가슴에 또렷이 박힌다
한낮에는 섬집아기
동요를 부르는 목소리로 가득하고
밤엔 클레멘타인
늙은 아비를 찾는 소리 구슬프다

- 가곡 작시곡

아네모네 꽃

조용한 길섶에 다다르면
한 사랑만을 위하여
미소 짓는 그녀
길고 가느다란 모가지를
쏙 - 내밀 때쯤이면
그녀의 어깨를 스치며
다가서는 봄
그윽한 봄빛 아래
흐드러진 향기
닫아 두었던 가슴 사이로
헤집고 들어오는 그리움
붉어지는 그녀의 마음엔
황홀한 무도회가 시작된다

라일락

솔솔 불어오는 푸르름이 펄럭이는 봄날
도심의 숲길 사이에 별 무리가 내려앉은 듯한
너는 내 가슴속 사랑의 불씨가 되었다
화려한 자태와 발길 머물게 하는 향기
너의 그윽한 몸짓은 나를 황홀하게 했다
보랏빛 부케로 곱게 치장한 너
그리움 젖은 눈망울로 아롱진다
부드러운 입술은 아린 향기로 차오르고
애달픈 몸짓은 못다 푼 해후의 설렘으로 다가온다
꽃등을 밝혀든 너의 고운 발걸음

봄날, 너의 축제는 시작되었다

꽃 양귀비

봄 햇살이 산란하는 진녹색의 오월
태화강변에 봄꽃들이 서막을 펼쳤다

경계도 없이 지천으로 흐드러지게 핀
붉은 꽃무더기가 깊은 잠에서 깨어났다

작은 가슴으로 불씨를 태우는
설렘의 작은 인사가 사뭇 곱기만 하다

붉은 꽃잎들이 건네 준 미소 향기에 취한다
내리쬐는 찡그린 오후가 푸른 들녘을 밀어 올린다

붉은 물결 홍염의 절정
눈부신 꽃무덤 속으로 들어간다

아카시아 꽃

녹음이 푸르른 싱그런 오월
흐드러지게 피어나는
하얀 꽃 아카시아
온몸을 휘감듯
그윽한 향기에 취해
꽃내음 풀향기는 짙어져만 가고

아카시아 그늘 벤치에 앉아
오솔길 돌담길 걸으며
산새들의 지저귐
과수원길 노랫소리는
귓전에 맴돌아
옛 추억에 잠겨본다

하얀 꽃잎 달콤한 향기
눈송이처럼 흩뿌리듯
콧등에 스칠 때마다
아련한 기억들은 흩어져
허공 속에 불러보는 그 이름
메아리되어 돌아오고

파란 잎새 가시 속에
숨겨놓은 그리움
우아한 하얀 꽃잎들의
수줍은 고운 미소
잔잔하게 피어올라
내 가슴에 묻어둔 사랑
별빛 수놓듯이 눈꽃처럼 피어납니다

수국 향 피어나고

푸름 짙은 오솔길
안개 자욱한 풀섶에
꽃무더미가 살며시 눈을 뜬다

이슬 머금은 푸른 잎 사이로
청아한 보랏빛 부케
일렁이는 바람결에 흩날리고

손꼽아 기다린 연둣빛 그리움은
그늘 아래 그윽하게 피어난다
꺼질 줄 모른 채

도라지꽃

바람 한 점 없는 뙤약볕
초록 오솔길 따라
풀숲에 다다르면
별빛 닮은 보랏빛 꽃
청아한 향기 아른거린다

멀어져간 보고픈 임
멍울진 생채기
긴 세월 눈물로 젖어드는
꽃망울 밝히는 그리움의 넋
애처롭게 여울지는 그 모습

팔월

바람에 나부끼는 강가의 춤추는 수양버들
개울가의 물소리 풀벌레 소리 어울려져 하모니를 연출한다

숲길 따라 걸으면 만개한 백일홍 활짝 미소 짓고
손톱 위에 그린 봉선화 향기 내 마음에 꽃물 들어간다

푸른 잎들 사이로 무당벌레 하나 짓궂은 소나기에
등짐지고 이사 떠날 채비로 분주하다

넓은 들녘 외로운 파수꾼 허수아비 볼살은
더위에 새색시 볼처럼 발그스레 달아오른다

포도 스무디

늦팔월의 뙤약볕이 여전한 늦은 오후
기억을 놓아버린 냉장고 속
선물 받은 포도가 종이팩에 포장된 채로
허연 서리로 뿌리내리는 중이다
남편이 두 팔을 걷어붙이고 셰프로 등장했다
흐르는 물에 씻어 꼭지를 떼어내
믹서기에 우유와 각얼음을 넣어 갈았다
계량기 컵 안의 검고 푸릇한 알맹이들
여름을 숙성시킨 입자들이 식욕을 돋우게 한다
지글지글 끓던 햇살의 추종이
자줏빛 해열제로 꼬리 내렸다
입안에서 씹히는 얼음 부스러기가
내 속에다 가을을 소환해왔다

여름날의 추억

어느 여름 방학 별을 헤든 밤
엄마의 팔베개였었지

너무나 평온했던 엄마의 품속
수많은 별을 세며 꿈을 키웠지

아무리 찾아도 끝이 없던 엄마의 별자리
신기함과 도전을 배웠지

이루지 못한 꿈의 미련은
세월이 갈수록 커져만 가고

언제나 제자리에 있는 그 별자리는
완성을 위한 꿈의 시작되었네

아름다운 엄마 품속이
그리워질 때면

또 다른 날에 다가온
진하디 진한 선생님의 뜻을 좇던 날

그 여름밤의 추억은
내 가슴속 깊이 아름답게 되살아난다

가을을 잉태하는 여름

낮 동안 태양의 담금질은
뜨거운 심장 속을 태운다

식지 않는 불면의 바다
시름시름 앓던 푸른 대지

열대야를 삭혀내는 여름밤
온 산천지가 해산을 앞두고 있다

지나가는 바람도 깃을 접고 숨죽이며
하늘도 드높게 열린다

찬란한 생명의 몸부림은
세월의 발자국을 밀어낸다

천상의 신명들이 내려와
푸른 산천마다 금줄을 주렁주렁 매단다

가을 예찬

오색 물결 휘날리는 황금 들녘
홍자색 족두리에 무지갯빛 잎사귀
연지곤지 찍어놓고
산등성이 꽃물 풀어 연등 밝힌
갈잎의 노랫소리

비단길 올올마다 꽃잎 열고 나오는
흥겨운 징을 울려댄다
열두 마당 풍악 소리 서막을 노래한다

* 문학고을 시선집

5부

아버지의 부재

우리 집 가게도

1906년 1월 조부가 태어났다
1918년 10월 조모가 태어났다
1944년 3월 아버지가 태어났다
1945년 1월 어머니가 태어났다
1967년 2월 형부가 태어났다
1968년 9월 언니가 태어났다
1970년 7월 남편이 태어났다
1971년 12월 내가 태어났다
1973년 4월 남동생이 태어났다
1983년 6월 올케가 태어났다
1998년 2월 큰조카 수현이가 태어났다
2000년 2월 작은 조카 소현이가 태어났다
2006년 9월 아들 서준이가 태어났다
2008년 9월 조카 은호가 태어났다

모두 태어났다
우주는 우리 가족을 탄생시켰다
생명 창조의 근원지가 끌어당긴다
태어나고 태어나는 불멸 족보의 연계
수천 개에 분자들의 핵분열은
천지의 기운을 어우르고
우리 가족은 소우주 속에서 도킹되었다

저, 신의 피조물인 아닌
은하 속의 빛나는 유성들과
사랑으로 단결되는 생명의 힘은
가족 근대사를 이루는
집안 내력의 화두

빛과 어둠이 공존하는 격정적 파열음
탄생의 내력과 축복의 시간들
따스한 별똥별이 내리는
생의 위대한 사유

* 박제영의 「유성우」에서 운을 차용하다

어머니

고향 집 앞마당 백일홍 향기 그윽하고
텃밭 싱그럽게 돋아나는 새싹들
유년의 추억 속 어머니의 사랑이다

새색시 단아한 모습 손때 묻은 세간살이
세파의 모진 깊은 시름뿐
빛바랜 모시 적삼 무정한 세월을 말하고

땅거미 저무는 그리움 뜨락
바람에 흔들리는 풀꽃들의 노랫소리
하루 고단함을 벗겨내는 저녁 시간은

나팔꽃 닮은 당신의 하얀 미소
만월 달빛에 비친 어머니의 모습은
이 밤을 끝으로 포근히 잠이 든다

* 부산 화명동 체육공원 시화전

고향집에서

녹슨 문고리에 걸어놓은 추억이 흔들리고
달빛 그을린 세월이 쏟아져 내린다

하얗게 내려앉은 묵은 기억 위에
유년의 조각들이 되살아난다

마당 뜰 안의 분꽃처럼 피어나고
웃음꽃은 여전히 예전 그대로다

오늘따라 둥근 보름달도
연신 방긋방긋 미소 짓는다

부부로 산다는 것은

다른 환경에서 만나 반평생을 살아왔다
차이는 있지만 인정하며 이해를 해나간다
서로를 모르는 시간의 대치점에서 멀어졌다
가까워진 물과 기름의 순간도
지나간 세월의 덧없음에 묻히고
이제는 돌아선 안타까움에 두 손을 포갠다
내 부모도 그랬으리라 서럽고 쓰린 시절이
편린으로 다가와 연을 맺은 억겁이
돌아오지 않을 회한에 묶인 지난을 본다
오늘에 있거니 너와 나 그대의 품에 겨운
맺어진 연이 창공에 나부낀다
살아갈 생의 사라짐도 함께라는
등에 기댄 그대 품을 그리며 가슴에 새긴다
그대라는 지울 수 없는 이름으로

무청 시래깃국

재래식 된장을 세 숟가락 풀고
시골 시아주버님이 주신 무청 시래깃국을 끓인다
양산 명곡리 넓은 청산 아래 땅의 정기와
시원한 바람으로 쑥쑥 잘 자란 푸르름이 끓는다

은빛 나는 때깔 좋은 멸치 한 주먹을 넣는다
바닷속의 비릿한 생애들이 파닥거리며
파란 물결로 물들어 간다
들깨가루를 듬뿍 풀어 부드러운 맛과
영양을 한층 더했다

유년의 혹독한 추운 겨울이면
시래깃국 한 그릇은 모든 반찬을 물리쳤다
밤늦게 퇴근해서 들어오신 부모님
국 한 그릇에 언 몸을 녹이고
허기진 배를 채우고 시원하다 했다

바쁘게 살아온 부모님 생각하니
뜨거운 눈물이 울컥 쏟아진다
가난했지만 소소한 행복이 뭉클하게
불러 세우는 달큰한 저녁 밤이다

이방인이 되다

살기 위해 고향을 떠나온 지 오래
부모님 그늘 밑에서 피죽도 못 먹었던 어려웠던 시절
유년의 꿈이 무성히 자라던 부산 장산역엘 갔다
그곳은 별천지가 되어 있었다
수많은 세월을 먹은 인연이 스친다
멀고도 가깝게 떠오르는 얼굴들
동래시장 온천장 먹자골목길
소소한 데이트 추억이 파도에 쓸려나간다
시간의 경계는 모래성처럼 허물어진다
푸른 바닷가의 비릿한 내음에 마음이 젖어든다
갓 잡아 올린 활어의 눈빛이 총총한 자갈치 어시장
갈매기 소리에 파도 소리에 묻히는 송정 둘레길
사계절 축제의 한마당이었던 해운대 바닷가
정겹던 젖은 기억이 밀물져온다
휘황찬란한 도시의 주인이 될 수 있을까
반심반의의 순백한 마음에 백열등을 밝힌다
목적지는 어느새 차가운 콘크리트 출입구
어느 세월의 한 모퉁이에 서서 지나온 시간
겨울 장승처럼 나를 불러 세운다

나는 내가 자라난 고향을
낯선 도시의 이방인으로 걷고 있다

산다는 것은

명제 앞에 주어진 길 위의 물음표 같은 것
오로지 견뎌낼 수밖에 없는 일이다
늘 생각하고 생각에서 벗어나야
해방되는 그것들
세상 속은 독백으로 얼룩지는
불꽃을 피우는 참회록이다

외로움과 그리움은 운명처럼 얽혀있는
수없이 흩어지는 기억들이다

곶감

매년 겨울이면 가을의 축시가 집으로 발송된다
그녀가 보낸 크리스마스 선물이다
겨울이면 그녀는 요염한 입술로 뽀얗게 분칠한다
세상 사람들은 그의 매력에 빠져든다
나는 탱글탱글한 그녀의 탄력에 반했다
뙤약볕에 매달리던 숨결이 거칠다가
가을이면 주홍빛 연등을 켜는 그녀
제 살을 깎아내며 수없이 고전하지만
그녀의 옹골찬 고집은 한여름의 회고록이다

신라에 다녀오다

3월 살얼음의 찬바람이 칠부능선을 넘어간다
태백산맥 줄기 따라 토함산 정기는 간지럼을 타고
얼음꽃이 촘촘히 박혀있는 신라 천년고도 숨결이 나를 에워싼다
동해 앞바다 봉길리 조그마한 바위섬
대왕암에 수장된 문무왕은 하늘로 승천하지 않았다
용이 되어 수천 년 간 수문을 열어 소금포대 방파제로 담을 쌓고
창과 방패로 군사들과 맹렬이 싸워 영웅이 되었다
희뿌연 운무 속에 깊은 바다와 산천초목을 뒤흔들고
용맹한 용의 호령에 백성의 함성은 드높아진다
들판을 가로지르는 혼불은 진달래의 붉은 봄으로 당도했다
나는 감은사지 장엄한 3층 석탑 계단을 오른다
황량하고 넓은 고궁 근엄한 충절위상이 허공을 맴돈다

그의 호국기상은 죽어서도 천지도 감흥케 했다
경주는 천 년 동안 문무왕의 은혜를 상속받고 있다
나도 문무왕에게 백성의 안위와 평화를 위한 상소문을 올려본다

새싹인삼

거리마다 붉은 장미 도도한 미소로 월담하는 5월 늦은 봄날
작은시누이가 환갑이라는 기별을 받았다
시집오기 전, 남편이 박씨 집안에서 제일 예쁘고 단아하고
솜씨 좋은 천생 여자라고 칭찬하던 그녀
맏며느리로 생의 바쁜 걸음 달려오느라 힘들었을 그녀
고운 얼굴 위에 세월의 흔적은 늘었지만
가족에 대한 뿌리 깊은 믿음은 완고해 보인다
생일날 가족들에게 밥 한 끼 먹이려고 몇 날 며칠 분주하다
주부 9단의 솜씨로 상다리 휘어질 정도의 음식들
임금님 수라상이 부럽지 않을 진수성찬이다
그중 눈에 콕 들어오는 새싹 삼이 배시시 웃고 있다
어서 먹어보라고 건네주시는 작은시누이
여린 다섯 장의 잎과 하얀 숨뿌리는 윤기가 탱글탱글하고
쌉싸름하면서도 끝 맛은 달달하니 향이 진하다
조카가 엄마를 위해 준비한 효도선물이다
뜨거운 태양을 담아낸 듯 온몸이 짜르르하며
한참 동안 입안에서 시원한 녹음이 머문다

혈관을 타고 드는 사포닌은 금세 그 기운이 솟아올라
내 심장에서 불끈불끈 고동치는 소리가 들린다

자신은 한 입 먹지 않고 가족들을 챙기는
그녀의 정이 오랫동안 쌉쌀하게 감돈다

가을 석류

뜨거운 가슴 안고 활활 타오르는
완숙한 그녀의 아름다움
만삭의 몸으로 붉은 눈물 적시며
순결한 힘 있는 젖줄의 울림

속살 틀어지는 해산의 고통으로 차오르는
빼곡히 고개 내밀며 인사하는 붉은 핏덩이들
모태 속에서 한 줄기 빛으로
잉태하며 피어나는 생명의 꽃

수정 유리알을 닮은
청초한 그녀의 모습은
가을의 가슴에 식지 않은
오롯한 루비 보석들을 탄생시켰다

* 문학 어울림 동인지

가을 이미지

뭉근히 잘 익은 가을볕이
창을 두드리며
홍색 예복으로 갈아입었다
족두리를 곱게 두르고
청사초롱 불 밝히는
오색찬란한 갈잎의 노래들

묵은 세월의 기억들이
반가이 두 팔 벌려 안겨오고
하늘은 간지러운
어깨너머 구름 사이로
못 잊을 그리움에
흥겨운 휘파람을 불어댄다

가을 편지

깊고도 깊은
따스한 가을바람이 붑니다
청명한 파란 하늘은
드높이 푸르디 푸르고
가을 햇살은 유난히 눈부십니다

아름답게 수놓은 붉은 홍엽이
우수수 흩날릴 때면
그대에게 길고 긴 외로움
애틋한 고운 마음
예쁜 꽃 편지 위에
그리움 총총 눌러
담아내어 띄워 보내봅니다

달콤한 가을향기를 품은
내 가슴속에서 오롯이 화사하게 피어나는
향기로운 그대 이름은 가을꽃 당신입니다

가을을 닮은 당신을 사랑합니다

* 문학어울림 동인지

국화빵

버스에서 내리면 승강장 모퉁이
낡은 트럭 한 대 서있다
구수한 냄새가 코끝을 스친다
나도 모르게 발길이 트럭 앞에 선다
부부는 두 개의 빵틀에 희멀건 반죽을 붓고
팥앙금을 듬뿍 얹더니
노릇하게 구워진 행복을 꺼내놓는다
태화강변 국화꽃축제는 아직도 절정인가
어느새 발걸음이 잦아지고
부부는 고개를 들며 눈웃음을 짓는다
서산은 노을의 온기를 안고 어둠으로 들고
나는 국화빵 봉지의 촉촉한 온기를 안고
종종걸음으로 집으로 든다

흔들림

나는 희망을 타는 나그네
도약을 향한 발걸음
긴 한숨 돌리며
언제나 앞만 보고 달린다

때론 나의 몸짓이
아름다운 몸부림
잠깐 움츠릴 때의
진심어린 나의 모습
오뚝이 같은 인생이다

팔월, 오후 두시

태양의 낮빛이 점점 숨통 막힐 듯
이글거리는 아스팔트
아지랑이는 피어올라
도시를 껴안는다

용광로에 시간은 활활 타올라
불의 나라는 재가 되어버리고
통증에 허덕이는 불의 흉터만
층층이 쌓여간다

가을사랑

뙤약볕 내리쬐던 그 햇볕처럼
따갑지 않고 가슴 시리지도 않으며

초롱초롱 별빛같이 빛나지 않아도
바람에 나부끼는 은은한 코스모스이고 싶습니다

달빛에 비치는 포근하고 마음 든든히
감싸 안는 우리 사랑이고 싶습니다

만남의 기쁨과 화려함보다
적막한 바다를 밝혀주는 희망이고 싶습니다

가을 풀벌레의 정겨운 소리처럼 머무르는
친구 같은 사랑이고 싶습니다

서로가 서로를 가을 석양처럼 붉게 물들이는
오래도록 향기 그윽한 사랑이고 싶습니다

달콤함과 풍성함을 머금은 가을
아름다움이 묻어나는 그런 사랑이고 싶습니다

기다림

홀로이 주저앉아서
사각사각 불어오는 바람에 후드둑 떨어지는
꽃잎소리 낙엽 뒹구는 소리
귀기울여 봅니다

생생한 힘찬 발걸음 소리에
가끔 환청이 들립니다
참 오랫동안 혼자 서성거리며
푸석푸석한 내 모습을 단장해봅니다

잠깐 삶의 버팀목이었던 그대
몸에서 출렁이던 그리움에 가슴 아리는 순간
그대는 어디쯤 오고 있을까요
타는 듯한 목마름이 모닥불로 내 마음을 지핍니다

정작 있어야 하는 그대의 모습은 보이지 않고
숨죽여 나 자신을 토닥입니다
기약도 없이 지쳐가는 절망적인 기다림일지언정
그대는 한 줄기 희망인 까닭입니다

아버지의 부재

눈부시게 내리쬐던 푸른 하늘
어둑어둑한 비 내리는 풍경 안에는
알코올 소독 냄새가 안개처럼 자욱하게 깔려있었다
빛바랜 병실의 오래된 일상이 신음하며 고개를 젓는다
서러워 하염없이 눈물을 흘렸다
세상과 맞서 싸우지 못한 기력이 없는 아버지의 몸
혼이 거의 다 나가고 없는 산송장이 되어
앙상한 뺏속에 검고 붉은 보랏빛에 삶의 오독을 피워냈다
링거와 산소호흡기와 주삿바늘로 연명하던 멍든 삶
허물어지는 듯 슬픔 돋는 소리가 들렸다
칼날 같은 통증은 아버지의 식지 않은 심장 위로
못을 박아내며 생을 뒤흔들었다
치미는 울음을 꾹꾹 눌러앉은 깊은 웅덩이
허망을 뒤로한 채 삶의 전쟁은 끝이 났다
육신의 껍질을 벗겨내고 영혼은 하늘길로 훨훨 올랐다
끊을 수 없던 이승의 경계에서 숨을 거두시던 그 날
둘째 딸의 가슴에도 시퍼렇게 멍이 들었다

아버지는 온화한 미소로 우리들을 마중 나오셨다
아버지는 지금 잠시 마실을 가신 거다

아버지

세월 이기는 장사 없다더니
아버지의 이마에 깊게 패인 주름들은
흔들리며 보내온 모진 세월을 말해주네

소리 없이 흐렸다 맑았다 하는
보이지 않는 아버지의 마음속은
얼음처럼 유리막처럼 깨지기 쉽네

자꾸만 구부러지시는 허리는
그동안 자식들의 마음에 심어준
열정과 사랑 기쁨을 말해주네

뼈를 깎아내리는 듯 아픔의 세월은
보약처럼 달다며 술 한 잔에
모든 시름을 삼켜내시시네

어느덧 삶의 무게는
저만치 자식을 향한 그리움이 되어
넓은 바다처럼 깊고 푸르다

박꽃 연가

노을빛에 타는 저녁
소리 없이 수줍은 미소로
촉촉한 이슬방울에 만개한 하얀 꽃

백합의 향기보다도 더 짙은
흰 살결 곱게 단장한 꽃망울 터뜨리며
여왕의 향기는 온몸을 휘감는다

달빛에 어우러지는 애틋한 그리움만큼
선율들은 그 붉은 마음의 빗장을 열고 있다
이 여름밤을 파수하는 임이시여

작품 해설

다양한 도구를 통해 바라보는 새로운 세상

김 순 진(문학평론가 · 고려대 평생교육원 교수)

작품해설

다양한 도구를 통해 바라보는 새로운 세상

김 순 진(문학평론가 · 고려대 평생교육원 교수)

비평이란 문학작품을 정의하고 분류하고 분석하고 평가하는 일련의 작업이다. 즉 한 사람, 또는 하나의 문학작품을 어떻게 이해하고 해석하고 평가하는가에 관한 문제로, 그 작품이 가지는 좋은 자질과 좋지 못한 자질을 선별해내는 일이라 할 수 있다. 아무리 좋은 작품이라도 해설자의 심리상태나 자라온 환경에 따라 좋지 않은 작품으로 평가될 수 있고, 아무리 좋지 않는 작품이라고 할지라도 해설자의 관점에 따라 높이 평가되는 경우도 있다. 그렇지만 그것은 한두 작품을 읽을 때만 나타나는 현상이다. 그 작가의 작품을 몇 십 편 읽고 난다면 대부분의 비평가들은 공동된 가치를 발견해낼 수 있는데, 작품해설도 그런 맥락으로 이해하면 된다. 나는 이 시집 『벚꽃 솔루션』에 실린 작품 95편을 읽어본 후 최예은 시인의 시적 가치와 작품의 우수성, 그리고 시인으로서의 가능성을 매우 높게 평가한다.

최예은 시인은 멀리 울산에서 살면서 서울의 고려대

학교 평생교육원으로 시창작법을 배우기 위하여 2년 동안 새벽잠을 설치며 공부했다. 초기의 작품들은 그리움이나 사랑타령조의 신파였다. 그렇지만 2년이 경과한 지금의 시적 수준은 내로라하는 중앙문단의 수준에 뒤지지 않는다. 최예은 시인에게는 그만이 가질 수 있는 새로운 도구가 있기 때문이다.

나는 최 시인의 열정과 용기 앞에서 감탄을 금할 수 없다. 그녀는 어떤 태산이라도 넘을 수 있는 사람이며, 어떤 파도가 밀려와도 무섭지 않다고 여기는 사람으로 보인다. 최 시인이 2년 동안 서울을 오르내리며 열심히 공부해 시집을 낼 때, 모두 그녀를 격려해야 마땅하지만, 사람들은 자신의 처지를 거울삼기보다는 남이 잘되는 것을 배 아파 하며 비꼬기 일쑤다. 그런데 정말 훌륭한 시인이 되려면 그런 것쯤은 뛰어넘어 작품성에만 치중해야 한다고 말해드리고 싶다. 작품이 좋으면 저절로 좋은 문우가 생기고, 좋은 문단에서 원고청탁이 오게 될 것이다. 그런 날이 머지않았음을 느낀다.

그럼 여기서 최 시인의 시 몇 수를 읽어보면서 그가 어떤 도구를 사용하여 사물이나 현실을 관찰하고, 어떤 용기에 담아내는가를 살펴보기로 하자.

> 버려진 명함이 쓸쓸히 나뒹구는 길모퉁이
> 그는 광고나 홍보로 단조로운 생활을 하다 최근 들어 분주해졌다
> 어느 날 두 눈을 의심케 하는 양심 없는 자들에게
> 고하는 일침이 피켓을 들고 시위한다

몇 해 전부터 보이지 않은 사각지대를 지적하며
확성기의 소란으로 모여든 궁중들에게
마지막 한마디는 등골이 오싹할 정도로 혼비하게 만든다
낮빛 잃은 골목을 위해 지킴이로 위장한 그는
누군가를 기다리거나 지나가는 이들을 배웅한다
수그러들 줄 모르는 소문은 점점 상황을 위태롭게 만들었다
그로인해 불만과 유언비어가 난무하고
투명가면을 뒤집어 쓴 누군가로부터 버려지는 뻔뻔한 욕망
칼날을 곧추세운 점점 거세지는 외침과
도둑고양이 울음소리로 가득하다
그늘진 속마음을 알 길 없는 그들에게
법보다는 동네의 인심만 사납다

– 『다정하지 않은 골목』 전문

이 시는 시위가 일상화되어가고 있는 도시의 현상을 고발한 참여시다. 우선 최예은 시인은 오랫동안 시창작을 공부해온 사람으로서 다양한 창작기술을 배워 실천하고 있는 시인이다. 시에는 다양한 화자들이 있다. 화자는 그 특성에 따라서 세 가지 유형으로 나눌 수가 있는데, 첫째는 내가 직접 시 속에 들어가서 말을 하는 1인칭 화자이다. 두 번째로는 배역으로서의 화자, 즉 사물을 포함한 제3의 인물로서의 화자이다. 그리고 세 번째는 함축적 화자, 즉 표면에 등장하지 않고 작품 밖에서 진술하는 화자이다. 최예은 시인의 이 시는 「다정하지 않은 골목」은 세 번째 화자의 형태를 취한다. 즉 함축적 화자는 전적으로 타인의 체험을 진술하거나 객관적이고 외연적인 관찰을 시도하게 되는데, 최 시인

은 골목에서 직접적인 화자 즉 1인칭 화자로 들어가지 않으며, 배역으로서의 화자, 즉 말을 주고받는 대상으로도 참여하지 않는다. 먼발치에서 골목을 바라보고 객관적이고 외연적인 관찰을 함으로써 현대를 살아가고 있는 도시의 문제점을 고발하고 있다. 쓰레기가 버려지거나 벽보가 덕지덕지 붙는 상황, 또는 소변을 보거나 시위를 하는 상황, 물건을 쌓아놓는 상황 같은 주관적인 시선은 드러내지 않고, 도시골목이 가지는 분위기와 불만을 통해 서민들의 애환을 그려내고 있는 것이다.

김순진 김순분 김진양 김진희 김태호 김해현
변정우 정양희 정춘식 전하라 최예은 황우정

호	전	춘	순
진	은	고	라
해	김	황	변
우	식	최	정
분	희	하	려
예	태	양	현

- 「고대 학우들의 숨은 이름 찾기」 전문

일찍이 이렇게 기발한 묘사심상법의 시를 써내는 사람을 본 적이 없는 것 같다. 많은 사람들은 시를 지식의 한 방편쯤으로 여긴다. 조선시대에 생겨난 시조는 부모에게 효도를 해야 하고, 나라에 충성을 해야 하며, 성군에 대하여 칭송해야 한다고 했다. 그리고 지금도 효도가 시제의 주류를 이루고, 시제 역시 자연을 빗대서 반성을 꾀하여야 한다는 룰을 깨지 않고 있다. 그러면서 파격하지 말라고 한다. 나는 그런 룰을 깨고 파격해야 새로운 출구를 찾을 수 있다는 생각이다. 시를 잘 모르는 사람들에게 이런 시를 보여주면, 이게 무슨 시냐고 반문한다. 그렇게 반문하는 사람들 머릿속에는 '시 = 그리움'이라고 하는 등식이 그려져 있어서 그리움, 고독, 사랑 같은 추상명사나 낙엽, 벤치, 잠자리 같은 가을을 떠올리는 연상어들을 몰아넣는 방식으로 시를 짓는 오류를 범하게 되는 것이다. 엊그제 어느 거래처에 가서 손님을 만났는데, 그 분 보고 고려대로 시 배우러 오라고 하니까, 감수성이 없어서 못 배우겠다고 한다. 그래서 나는 시는 감수성으로 짓는 것이 아니라 노력과 훈련으로 짓는 것이라 말씀드린 적이 있다. 우리 민족은 어려서부터 젓가락질을 하기 때문에 손재주가 좋다고 한다. 포크로 대강 찍어서 먹는 것이 아니라, 젓가락으로 작은 콩장도 집어먹고, 서로 착 달라붙어 있는 깻잎장아찌도 집어먹으려면 고도의 기술이 습득되어 마침내 밥상 위에 떨어진 밥풀 한 알, 참깨 한 알을 젓가락으로 집어먹을 수 있게 되는 것처럼, 시도 자꾸 마음 훈련, 방법 훈련을 해야 한다. 현대시는 놀이다. 한 노래로 밤을 샐 수는 없는 노릇이다. 방에서는 장기바둑

이요, 그늘에서는 공기놀이며 마당에서는 구슬치기요 자치기 등으로 시시때때 새로운 놀이를 해야 재미있듯이 시 역시 새로운 방법을 강구해야만 독자에게 즐거움을 줄 수 있다. 그러므로 현대시는 개척정신을 가진 사람들만 놀 수 있는 새로운 놀이문화다.

최예은 시인이 저런 기발한 시를 쓸 수 있는 것은 아마도 그녀가 지난 10여 년 동안 홀로 독학하다가 이래서는 안 되겠다 싶어 서울로 공부를 하러 원정을 다니는 도전을 감행했기 때문에 가능한 일이라고 생각한다. 열 두 명의 이름 중에 중복되지 않는 글자와 고대라는 글자 두 자를 사용해서 숨은그림찾기 같은 퍼즐조각을 창안해냈다는 것은 실로 대단한 아이디어다. 그리하여 최 시인은 이 시의 제목을 「고대 학우들의 숨은 이름 찾기」라 명명하고 있다. 나는 이 퍼즐 조각으로 고대 동문들의 이름뿐만 아니라, 호우, 호전, 호황, 호식, 전진, 전라, 전우, 전정, 전분, 전하, 춘우, 춘정, 춘식, 춘태, 순정, 순양, 진전, 진해, 진정, 은전, 은하, 고전, 고정, 고희, 태양, 고정, 고분, 고하, 고양, 라식, 해전, 해고, 해변, 해우, 해식, 해태, 해양, 김해, 황전, 황하, 변호, 변전, 변고, 변식, 변태, 우호, 우정, 우려, 식전, 식순, 식해, 식정, 정전, 정진, 정변, 정분, 정려, 분진, 분변, 분식, 양식, 양분 같은 말 등 또 다른 숨은 그림을 찾게 된다.

한
어느
도심의
한적한 길
옆 십 수 년 된
포플러나무 한 그루
나무는 늘 세상을 바라보지만
매연과 소음뿐 날마다 가슴이 시리고
삭막하기만 했었다 구멍이 숭숭 뚫린 나무는
온몸으로 파리한 추위와 비바람을 견뎌내며 가지
들은 손가락발가락이 되어 쭉쭉 뿌리깊이 올 곧게
올라갔다 하지만 잎이 무성하고 시원한 그늘을 가진 그도
외로움에 가슴이 휑했다 어느 날 때마침 새들이 날아와
나무의 텅 빈 가슴을 노래로 행복하게 채워주었다
새들도 편안한 안식처가 필요했으며 나무는 사
랑으로 새들의 날개를 다독여주었다 나무와
새는 서로에게 달콤한 꿈을 선물해 주었
으며 아름다운 친구가 되었다
나무와새 나무나무
나무와새
나무나무
나무와새
나무나무
나무와새
나무나무

– 「포플러 나무의 꿈」 전문

앞에서 최 시인은 퍼즐게임 같은 시를 썼고 여기서는 그림 같은 시를 쓰고 있다. 이 시는 포플러나무를

그림처럼 그려낸 시다. 누가 봐도 나무 한 그루가 서 있다는 것을 안다. 그런데 자칫 나무의 형상 안에 쓰여진 내용을 안 읽을 가능성이 있다. 가만히 읽어보자 "나무는 늘 세상을 바라보지만 / 매연과 소음뿐 날마다 가슴이 시리고 / 삭막하기만 했었다 구멍이 숭숭 뚫린 나무는 / 온몸으로 파리한 추위와 비바람을 견뎌내며 가지들은 / 손가락발가락이 되어 쭉쭉 뿌리깊이 올 곧게 / 올라갔다 하지만 잎이 무성하고 시원한 그늘을 가진 그도 / 외로움에 가슴이 휑했다 어느 날 때마침 새들이 날아와 / 나무의 텅 빈 가슴을 노래로 행복하게 채워주었다 / 새들도 편안한 안식처가 필요했으며 나무는 / 사랑으로 새들의 날개를 다독여주었다 나무와 / 새는 서로에게 달콤한 꿈을 선물해 주었으며 / 아름다운 친구가 되었다"는 이야기다. 사실 나무는 새를 필요로 하지 않는다. 나무는 귀가 없어서 새들의 노랫소리를 듣지 못한다. 새가 앉지 않은 나무도 나무고 새가 앉은 나무도 나무다. 새가 앉은 나무와 새가 앉지 않은 나무의 차이는 유관으로는 잘 보이지 않는다. 새는 집이 필요하다. 둥지를 지을 나무가 필요하고 바람이나 비를 막아줄 잠자리가 필요하다. 새는 나무가 필수불가결한 존재다. 나무가 없다면 새는 땅에 앉을 수밖에 없다. 새의 발은 가는 나뭇가지를 잘 쥘 수 있도록 진화되어 있다. 그러나 나무에게 있어 새란 존재는 사람에게 있어 옷과 같은 존재다. 겨울이 돼서 벌거벗은 나무는 있지만 새가 앉지 않는 나무는 없다. 새가 없는 나무는 상상할 수도 없다. 나무는 새가 앉아도 새가 날아가도 늘 그대로지만 새의 존재에 대하여 긍정한다. 그리고 기꺼이 그들에게 집과 잠자리, 휴식의 공간을 제공한다. 그것이 나무의 너른 품새다. 사람으로 볼 때 나무는 가진 자다. 가진 자란 여러 가지 경우가 있는데, 부를 가진 자, 젊음을 가진 자, 지혜를 가진 자, 지식을 가진다, 힘을 가진 자 등이 그것이다. 앞에서 열거한 다섯 가지 경우에 한 가지도 안 든 사람은 없다. 그러므로 우리는 나무다. 나무는 타자에게 그늘을 만들어 제공할 수 있으며, 휴식을 제공할 수 있어야 한다. 가진 사람은 이웃에게 베풀어야 하고, 함께 잘 살 수 있도록 도모해야 하고, 사랑의 손길을 건네야 한다. 나무가 아무런 이득 없이 새에게 끊임없이 사랑을 베푸는 것처럼.

서울로 가는 수요일이면 나는 꼭 뷰티살롱에 들른다
1호선과 6호선의 총알보다 빠른 전철 안에서
외모와 취향까지 다양한 메이크업 아티스트들을 만난다
충전식 교통카드가 그녀들을 볼 수 있는 유일한 입장권이다
남부 부산 전철 출퇴근시간대에 전혀 볼 수 없었던 낯선 풍경이다

그녀들은 전철이 꾸려준 매끄럽고 샤프한 의자를 골라 앉는다
그 다음 얼굴과 머리를 리셋하기 시작한다
각자의 노하우 전법으로 헤어롤로 머리를 말아 올린다
화장대의 매뉴얼이 무릎 위에 고스란히 올라온다
탱탱히 부풀어 올랐던 볼살 위에 하루를 스케치한다
아이라이너와 색색 아이섀도우 짙은 검은색 마스카라로

눈썹을 풍부하게 말아 올린다.
앵두 빛 촉촉한 립스틱으로 블링블링 마무리한다

그녀들의 비포와 애프터 후의 정체성에 대한 논란은
관중들을 의식하지 않은 뻔뻔한 무죄 민망해하지 않은 원죄다
그럼에도 불구하고 매혹당하지 않은 그녀들이다
일각에서는 취향을 존중해줘야 한다는 말도 나오고 있다

늦잠의 핑계일까 바쁘다는 핑계일까
그녀들은 예뻐질 거라는 환상 속에 봄날의 목련이 되었다가
여름날의 부케를 닮은 수국 향으로 피어나기도 한다
흔들리며 출렁거리는 모래성 같은 지우고 또 그려내는
달리는 화장대는 그녀들이 문을 나서면 신기루같이 사라진다

시민의 편익을 내어준 전철
그녀들만의 뷰티살롱은 오늘도 성업 중이다

- 「뷰티살롱에 관한 보고서」 전문

이 시는 필자가 강의하는 고려대학교 평생교육원 시 창작과정의 동문들이 2018년 2학기에 펴낸 앤솔로지의 제목이 된 시다. 최예은 시인은 울산에서부터 서울로 2년 동안 통학하며 시창작수업에 참여했다. 전철이 없는 울산에서 서울로 통학하면서 전철 내에서의 풍경은 과히 이색적으로 느껴졌을 것 같다. 말 그대로 전철 안의 여성들은 그곳이 마치 자기의 안방 화장대인양 드러내 놓고 화장을 한다. 최 시인의 말처럼 "남부 부산 전철 출퇴근시간대에 전혀 볼 수 없었던 낯선 풍경이"었을

것 같다. 그녀의 말을 빌리자면 "관중들을 의식하지 않은 뻔뻔한 것은 무죄, 민망해하지 않은 것은 원죄"라고 한다. 화장품을 바르는 사람에서부터 눈썹마스카라를 올리는 사람까지 다양하다. 도시여성들의 일은 실로 많다. 육아와 가족들의 식사를 책임져야 하는 것에서부터, 직장에 나가 돈을 벌어야 하는 실정에 도시 여성들에게 시간은 정말 금과 같다. 바쁜 일정에 늘 시간에 쫓기고 허둥대기 마련이니, 전철에서라도 화장을 해서 여성의 자존심을 세우고 싶은 것이다. 인류가 언제부터 화장을 시작했는지는 정확히 알 수 없으나 5만 년 전 네안데르탈인들은 조개껍데기에 화장용 색소를 담아두기도 하고 화장 도구로도 이용했다고 한다. 화장에 대한 가장 오래된 기록은 기원전 7500년 전 만들어진 이집트 고대 무덤에서 발굴된 벽화에는 눈 화장을 짙게 한 남녀의 모습이 등장했다. 그리스 로마 시대의 화장은 부의 상징이었고 일본 여인들이 백색으로 화장을 하는 것은 계급의 상징이었다. 우리나라에서는 고구려인들이 꽃잎을 찧거나 광물질 가루인 주사를 물에 개어 연지로 만들어 썼다는 기록이 있고, 고려의 여자들은 화장하는 것을 좋아해서 절에 갈 때도 화장을 했다는 기록이 있으며, 조선의 화장은 유교의 영향으로 소박해 진한 화장을 자제하고 수세미즙이나 오이로 기초화장을 하며 피부를 가꾸었다고 한다. 연지 찍고 분바른다는 말이 있다. 예로부터 붉은색은 잡귀를 쫓아내고 복을 끌어당기는 색인지라 우리가 흔히 쓰는 인주도 붉은 것인데, 또

한 새색시의 뺨에 연지를 찍는 것도 같은 의미로 부귀영화와 귀한 모든 좋은 기운이 깃들라는 의미다. 옛날 사람들은 지금처럼 전문적인 화장품을 생산되지 않았으므로 분꽃의 잎사귀를 찧어 얼굴에서 바른데서 유래하는 것이다. 장소가 어디서든지 여성의 변신은 무죄다.

다시 온 숙명의 봄
쪽빛 하늘호수에 구름은 휘익 노를 젓는다
동토엔 해빙의 살얼음을 뚫고
나목의 가지마다 젖몽오리 파릇하게 돋아난다
부르튼 꽃술로 가지마다 촛대를 세운다
산고의 태생지 봄의 신전 밑에는
각종 불빛을 치켜든 축제의 시녀들이 있다

해마다 봄앓이하던 궁핍한 가슴이 또 쿵쾅거린다
눈발로 낙화하는 저 교태로운 잉태의 몸짓들
꽃무덤을 즈려 밟는 자의 죄를 성토하느니
태화강 궁전을 분홍빛으로 색칠하라
벚꽃들에게 솔루션이 주어졌다

– 「벚꽃 솔루션」 전문

세상 모든 것들에겐 의무가 있다. 바위는 스스로 단단해져서 다른 것들의 디딤을 견뎌야 한다. 물은 스스로 흘러 다른 것들에게 수분을 공급해야 한다. 불은 스스로 타올라 사라지고 싶은 것들을 소명해주어야 한다. 사람은 스스로 낮추고 유순해져서 상대방을 행복하게 만들어야 한다. 그런데 벚꽃에게까지 솔루션이 주어질

줄은 몰랐다. 최예은 시인은 벚꽃들에게 태화강변을 분홍빛으로 칠해야 할 숙제가 주어졌다고 말한다. 벚꽃에게 태화강변을 분홍빛으로 물들일 솔루션이 주어졌다면, 우리 사람들에게는 벚꽃을 즐길 솔루션이 주어졌고, 이를 본 최예은 시인에게는 이를 독자에게 전할 솔루션이 주어졌다는 것을 최 시인은 잘 알고 있었던 것이다. 최 시인은 벚꽃이 그냥 피는 것이 아니라 "산고의 태생지 봄의 신전 밑에는 / 각종 불빛을 치켜든 축제의 시녀들이 있다"고 말하면서 "꽃무덤을 즈려밟는 자의 죄를 성토하느니 / 태화강 궁전을 분홍빛으로 색칠하라"는 솔루션이 벚꽃들에게 주어졌다고 말하는 것이다. 시인 중에는 여러 등급의 시인이 있다. 사물의 겉면만을 보는 시인이 있는가 하면, 사물의 내면을 보는 시인도 있고, 사물과 대화하는 시인도 있으며, 사물의 사명까지도 간파하는 시인이 있으니, 최 시인의 시적 사고는 이 모두를 두루 살피는 사고라 할 수 있겠다.

3월 살얼음의 찬바람이 칠부능선을 넘어간다
태백산맥 줄기 따라 토함산 정기는 간지럼을 타고
얼음꽃이 촘촘히 박혀있는 신라 천년고도 숨결이 나를 에워싼다
동해 앞바다 봉길리 조그마한 바위섬
대왕암에 수장된 문무왕은 하늘로 승천하지 않았다
용이 되어 수천 년 간 수문을 열어 소금포대 방파제로 담을 쌓고
창과 방패로 군사들과 맹렬이 싸워 영웅이 되었다
희뿌연 운무 속에 깊은 바다와 산천초목을 뒤흔들고

용맹한 용의 호령에 백성의 함성은 드높아진다
들판을 가로지르는 혼불은 진달래의 붉은 봄으로 당도했다
나는 감은사지 장엄한 3층 석탑 계단을 오른다
황량하고 넓은 고궁 근엄한 충절위상이 허공을 맴돈다

그의 호국기상은 죽어서도 천지도 감흥케 했다
경주는 천 년 동안 문무왕의 은혜를 상속받고 있다
나도 문무왕에게 백성의 안위와 평화를 위한 상소문을 올려본다

- 「신라에 다녀오다」 전문

사람이 발로 다녀올 수 있는 곳은 지명이지 역사가 아니다. 그러나 우리는 얼마든지 역사 속의 인물을 만날 수 있다. 감은사지 3층 석탑을 보고 그 신라신대 사람들의 염원이나 생활상을 만날 수 있다. 옛날 사람들을 만날 수 있는 최선의 방법은 유물과 만나는 것이다. 역사적 유물과 만나면서 우리는 그 시대 사람들과 마음으로부터의 대화를 할 수 있게 된다. 그리하여 천년고도 신라를 다녀올 수 있게 되는 것이다. 이런 시는 인유를 통해 쓰여진 시다. 울산에는 대왕암이 있다. 대왕암은 신라 31대 문무왕의 무덤으로 전해져 온다. 문무왕은 태종 무열왕의 뒤를 이어 왕위에 올라 당나라군과 연합하여 고구려를 멸망시킨 왕으로 후일 고구려와 백제의 유민들과 힘을 합쳐 당나라 군대를 몰아내고, 삼국 통일의 대업을 이룬 왕이다. 삼국을 통일한 문무왕은 "동해의 용이 되어 나라를 지키겠다."는 유언을 남

기고 자신을 수중에 묻어달라고 했다고 한다. 그래서 대왕암은 문무대왕암의 능으로 전해져오는 곳이다. 나도 대왕암을 여러 번 가보았지만, 그렇게 아름답고 멋진 바위산은 일찍이 보지 못했다. 금강산을 축소해놓은 듯한 대왕암은 실로 절경이다. 그런 문무대왕의 발길을 따라 감은사 터로 향했다. 감은사는 문무대왕이 삼국을 통일한 후 외세에 침략을 막기 위해 지은 절로 지금은 감은사 3층 석탑과 절터만 남아있다. 문무대왕이 죽은 이후 왕권을 물려받은 신문왕이 감은사에 방문했을 때 일이다. 감은사에서 바라보니 동해바다에 거북이와 같은 섬이 하나 떠내려 왔는데, 이 섬의 대나무는 낮이면 갈라져 둘이 되고, 밤이면 합하여 하나가 되었다고 한다. 이에 신문왕이 곧 이 대나무를 베어 피리를 만들어 불라 명하였는데, 이 피리를 불면 파도가 잔잔해진다고 하여 '만파식적'이라 부르고 국보로 삼았다고 한다. 이 피리를 불면 나라의 걱정과 근심이 해결되었다고 한다. 그런 역사의 고장 울산에 살면서 신라의 문무대왕에게 "백성의 안위와 평화를 위한 상소문을 올려본다"는 시는 지역의 문인으로서 그 고장의 유래나 지명에 관한 시는 꼭 써주어야만 하는 시라 할 수 있겠다.

눈부시게 내리쬐던 푸른 하늘
어둑어둑한 비 내리는 풍경 안에는
알코올 소독 냄새가 안개처럼 자욱하게 깔려 있었다
빛바랜 병실의 오래된 일상이 신음하며 고개를 젓는다
눈물은 하염없이 서러워 울었다

세상과 맞서 싸우지 못한 기력이 없는 아버지의 몸
혼이 거의 다 나가고 없는 산송장이 되어
앙상한 뼛속에 검고 붉은 보랏빛에 삶의 오독을 피워냈다
링거와 산소호흡기와 주삿바늘로 연명하던 멍든 삶
허물어지는 듯 슬픔 돋는 소리가 들렸다
칼날 같은 통증은 아버지의 식지 않은 심장 위로
못을 박아내며 생을 뒤흔들었다
치미는 울음을 꾹꾹 눌러앉은 깊은 웅덩이
허망을 뒤로한 채 삶의 전쟁은 끝이 났다
육신의 껍질을 벗겨내고 영혼은 하늘길로 훨훨 올랐다
끊을 수 없던 이승의 경계에서 숨을 거두시던 그 날
둘째 딸의 가슴에도 시퍼렇게 멍이 들었다

아버지는 온화한 미소로 우리들을 마중 나오셨다
아버지는 지금 잠시 마실을 가신 거다

－「아버지의 부재」 전문

최예은 시인의 아버지께서는 지난해 9월 7일 작고하셨다. 아버지로부터 특별한 사랑을 받았던 최 시인에게 아버지의 부재는 견디기 어려운 일이었을 것 같다. 그래서 그녀는 돌아가셨다는 생각보다는 잠시 마실을 가신 것으로 생각한다. 영화 '닥터 지바고'에서 주인공 유리 지바고는 제1차 세계대전에 군의관으로 참전하게 되는데, 거기서 종군간호사로 온 라라와 마주치게 되고, 유리 지바고는 라라가 차에서 내리는 것을 보고 따라가다가 그만 심장마비로 죽게 된다. 그것을 모르는 라라는 유리 지바고가 군에서 제대해 집으로 간 줄 알고 블

라디보스톡으로 찾아 떠나게 된다. 이 영화가 주는 의미는 주인공이 살아있다고 생각하는 라라의 생각이다. 최예은 시인은 아버지가 살아있는데 잠시 마실을 가신 것으로 생각하는데서 유사점을 찾을 수 있다. 어떤 시인은 6.25전쟁 때 두고 온 고향을 시 속에 만들어놓고 날마다 드나들면서 만났다고 한다. 그러니 최예은 시인의 말처럼 아버지께서는 지금 마실을 가신 것이다. 그런 상상력 속에서 시는 생산되고 공감을 얻게 된다. 시적 언어의 가장 중요한 특질 중 하나는 그 내연적 기능을 얼마나 잘 살리고 있느냐에 달려있다고 한다. 그렇지만 시의 문맥과 내연적 의미가 강조된다고 해서, 외연적 의미를 외면해서는 안 된다. 말하자면 내연적 의미, 아버지가 마실을 갔다고 생각하는 관점으로 시를 쓰더라도, 외연적 의미, 즉 아버지가 작고하신 것을 외면해서는 안 된다는 말이다. 그러니까 최예은 시인에게 있어 아버지의 마실은 단순히 이 세상을 떠나있는 상태가 아니라, 가까운 곳에 머물면서 돌보는 상태를 의미하는 것이다. 그것은 아버지의 축복으로 말미암아 가정이 잘 되기를 바라는 최 시인의 내면세계와 맞물려 있다고 할 수 있다.

이상에서처럼 최예은 시인의 시 몇 수를 읽어보면서 그녀의 시세계를 여행해보았다. 최예은 시인은 초기의 시, 사랑과 그리움을 누르고 생활시로 들어왔다가 이제는 비유나 열거, 반복을 억제하고 본격 현대시인 직유나 환유를 적절히 사용해낸다. 그래서 최 시인은 골목의 불량성을 고발하는가 하면, 숨은그림찾기 놀이를 하거나, 그림으로 시를 그려내기도 하고, 전철을 뷰티살롱이라 묘사하기도 하며, 벚꽃의 공동 작업을 요구하기도 한다. 그리고 신라에 다녀오기도 하며, 작고하신 아버지를 '마실'이라는 가까운 이웃의 개념으로 환유하여 독자로 하여금 신선감을 환기시키는데, 이는 그녀가 러시아 형식주의자들이 주창한 '낯설게 하기'와 필자가 주장한 5가지 효과적인 시창작법 즉 인칭은유심상법, 묘사심상법, 성찰심상법, 관찰심상법, 상상심상법을 잘 이해했기 때문에 습득된 실력이라 할 수 있다.

이상과 같이 최예은 시인은 남과 다른 도구를 가지고 다닌다. 신라를 드나들 수 있는 티켓은 일반인들은 살 수 없는 것이다. 사람들은 달을 볼 때 흔히 허블망원경으로 보지만, 최 시인은 눈을 감고 마음으로 달을 읽는다. 골목의 따스함이나 전통의 미를 관찰하기보다는 불량한 골목에 초점을 맞춘다. 왜냐하면 시란 있는 그대로의 현상 들여다보기가 아니라, 왜곡되거나 굴절된 시각으로 현상 이면의 것을 보아야 하기 때문인데, 최예은 시인의 시적 가방에는 수십 가지의 도구들이 들어있는 것 같다. 최 시인은 시를 쓸 때 어조와 수사법, 인유와 패러디, 화자와 인칭, 묘사와 성찰, 관찰과 상상에 대하여 시적 지식을 습득했다. 그래서 최 시인은 시를 즐기며 친구가 되어 함께 산다. 그렇지 않고서야 그렇게 먼 길을 즐거운 마음으로 다닐 수가 있겠는가? 첫 시집 상재를 축하드린다.

국립중앙도서관 출판예정도서목록(CIP)

이 도서의 국립중앙도서관 출판예정도서목록(CIP)은 서지정보유통지원시스템 홈페이지(http://seoji.nl.go.kr)와 국가자료종합목록 구축시스템(http://kolis-net.nl.go.kr)에서 이용하실 수 있습니다. (CIP제어번호 : CIP2019051290)

최예은 시집

벚꽃 솔루션

초판인쇄일 2019년 12월 13일
초판발행일 2019년 12월 20일

지은이 : 최예은
발행인 : 김순진
편집장 : 전하라
디자인 : 김초롱
펴낸곳 : 문학공원
등 록 : 2004년 3월 9일 제6-706호
주 소 : 우편번호 03382 서울 은평구 통일로 633
녹번오피스텔 501호 스토리문학사
전 화 : 02-2234-1666
팩 스 : 02-2236-1666
홈페이지 : http://cafe.daum.net/yob51
이메일 : 4615562@hanmail.net